학부모와 교사가 디자인하는

초등

독서논술
이야기

학부모와 교사가 디자인하는

초등

독서논술 이야기

신재한 · 김광석 · 김재광 · 김현진 · 남유미 · 오석균 지음

한국학술정보

머리말

　21세기는 창의력이 국가경쟁력이 되는 시대입니다. 가정이나 21세기를 이끌어 갈 사람은 넘쳐나는 지식의 홍수 속에서 필요한 지식과 정보를 획득할 수 있는 자기주도적 학습력과 새로운 지식을 만들어 낼 수 있는 창의력을 갖춘 사람입니다.

　독서논술은 이상적인 자기주도적 학습력을 길러 줄 뿐만 아니라 새로운 지식 창출의 밑바탕이 됩니다. 그러므로 독서를 통한 논술교육은 21세기 인재 양성에 구심점이 될 것입니다.

　이런 시대적 흐름에 맞게 학생들에게 자기주도적 학습력과 창의적인 사고력을 함양시키기 위해 독서논술교육 활성화에 힘써야 할 것입니다.

　창의적이고 유연한 사고를 하기 위해서는 다양한 경험이 필요합니다. 그러나 모든 경험을 다 해 볼 수는 없기 때문에, 직접 경험하기 어려운 것들은 독서를 통하여 체험해야 합니다. 그리고 독서 활동을 통해 습득한 지식과 경험을 논리적·합리적으로 활용하여 여러 문제를 창의적으로 해결하는 능력을 길러 주는 것이 논술교육입니다.

이러한 독서와 논술교육은 학교 현장뿐 아니라 가정과의 연계를 통해 꾸준히 이루어져야 더욱 바람직한 효과를 얻을 수 있을 것입니다.

본 교재가 학부모 독서논술교육을 위한 자료로 유용하게 활용되어 아이들에게는 꿈을, 교사에게는 보람을, 가정에는 만족과 감동을 줄 수 있기를 기대합니다.

이 책의 Ⅰ장에서는 독서논술교육에 대한 전문성을 갖춘 교사들의 담론을 이야기하였고, Ⅱ장에서는 학부모들의 독서논술에 대한 생각과 경험담, 그리고 Ⅲ장에서는 학부모 독서논술교육 학교에 대한 운영사례에 대해서 안내하였습니다. 이 책이 학생들의 논리력 향상에 도움이 되기를 바라며 출판에 도움을 주신 출판사 관계자분들과 여러 선생님께 감사를 드립니다.

2012. 11.

대표 저자

c/o/n/t/e/n/t/s

Ⅲ. 학부모 독서논술 학교 운영사례 / 193

참고문헌 / 211

Ⅰ
독서논술교육에 대한 담론

독서의 개념

1. 독서교육의 필요성과 목적

오늘날 학교교육이 입시 위주로 편중됨에 따라 학생들이 독서를 생활화할 수 있는 분위기가 부족하기 때문에, 학생들이 정서적으로 메마르고, 사고력, 창의력, 인내력이 부족하고 물질만능의 시대 흐름에 따라 점점 이기적으로 되어 청소년의 다양한 문제가 심각하게 대두되고 있는 시점에서 독서 지도의 필요성은 절실히 요구된다(이성애 외, 2002).

즉, 인간은 생각하기 위한 지식을 독서에서 구하고 생각하는 것을 독서에서 배우고 독서와 더불어 생각하게 될 때 비로소 사물에 대한 이해와 판단이 빠르고 폭넓게 생각하는 인간으로 성장하게 되며, 나아가 새로운 것을 창조해 낼 수 있는 창의력을 가질 수 있는 것이다(김규동, 1961).

한편, 학교에서 독서교육을 활성화시키기 위한 독서의 필요성을 제시하면, 독서를 통해 사고력 신장과 가치관의 형성에 도움을 주며, 진실한 삶의 의의와 풍부한 인간 정서를 순화시켜 주고, 독서 습관의 생활화로 평생교육의 기틀을 마련하며, 독서 풍토의 조성으로 건전한 인간교육을 실현한다는 것을 강조하고 있다(이성애 외, 2002).

또한, 독서교육의 목적은 크게 지식, 기능, 태도 등으로 구분하여 지식적 측면에서는 사고력 신장에 기여, 기능적 측면에서는 언어기능의 향상, 태도적 측면에서는 정서함양의 인성교육에 기여를 들 수 있다(김용철 외, 2002).

특히, 인간 내면에서 일어나는 것을 지도하기 위해서는 책을 읽을 때에 뇌 속에서 일어나는 이해의 수준과 감상력, 판단력, 비판력 등의 독서 사고력을 계발해야 한다(이정희, 1997).

따라서, 학생들에게 교실, 도서실 등 학교 전체를 독서의 장으로 활용하여 학생들이 평소에 책을 가까이하는 습관을 길러 주어 정서를 순화시키며, 인생에 대한 올바른 가치관을 형성하게 하며, 현실에 적응할 수 있는 조화로운 인간을 양성해야 한다(이성애, 1998).

이러한 독서교육을 영역별로 분석해 보면 국어교사 중심의 독서·문학적 측면, 타 교과교사 중심의 학문·주체적 측면, 사서교사 중심의 독서의 사회·정보적 측면 등으로 구분할 수 있다(함명식, 1997).

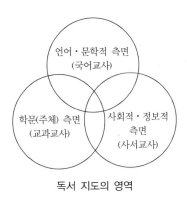

독서 지도의 영역

2. 독서와 독서교육의 개념

독서는 문자나 문장 등을 읽는다는 단순한 개념에서부터 저자의 사상과 감정의 의미 해득이라는 복잡한 개념에 이르기까지 그 폭이 넓을 뿐만 아니라, 목적도 다양하다(양재한·김수경·이창규·정영주·김정미, 2001).

따라서, 독서에 대한 개념도 '기호 해독(code cracking)의 측면에서 접근한 정의', '의미(meaning)의 측면에서 접근한 정의', '커뮤니케이션(communication) 형태의 측면에서 접근한 정의' 등 다양한 견해를 볼 수 있다(손정표, 1999).

첫째, '기호 해독'의 측면에서 접근한 개념으로서, 독서는 청각적 기호로부터 시각적 기호로의 전이로 이루어지는 것(Fries, 1963)이고, 서사 기호를 독자가 의미를 끌어낼 수 있는 언어 형태로 바꾸어 놓은 것(Venezky, 1976)으로 정의하고 있다.

둘째, '의미'의 측면에서 접근한 개념으로서, 독서는 독자가 이미 소유하고 있는 개념들의 조작을 통한 의미의 구축(Tinker & McCullough,

1962)이고, 인쇄화된 기호를 해석하는 과정(Carter & McGinnis, 1953)이며, 텍스트에서 의미를 얻는 것(Gibson & Levin, 1975)이고, 시각적 기호를 소리 형태로 바꾸는 것이 아니라, 언어의 시각적 표현을 의미로 전환하는 것(Smith, 1978)으로 정의하고 있다.

셋째, '커뮤니케이션 형태'의 측면에서 접근한 개념으로서, 독서는 작가와 독자 간의 상보 관계를 통해 특징지어지는 커뮤니케이션 형태이며, 시각적 수용과 사고 간의 인지적 과정(Aust, 1983)이고, 지식의 표현을 의미론적 상황의 조직에서 새로운 네트워크로 변화시켜 주는 것(Haefner, 1985)으로 정의하고 있다.

이와 같이, 독서의 개념은 어떤 측면에서 보느냐에 따라, 입장의 차이가 나타나기 때문에, 독서는 단순히 문자에서 의미를 도출해 내는 해독과정이나, 의미전달까지 포함시키는 개념이 아니라, 독자가 자신의 경험을 바탕으로 글을 분석, 종합, 추론, 판단하는 주체적인 사고과정을 의미한다(손정표, 1999).

특히, 독서의 개념은 인지심리학의 발달과 함께 독서 행위의 주체인 독자의 측면을 중시하면서 사고과정이란 의미를 포함시킴으로써, 문자에서 의미를 도출해 내는 해독과정이나 단순한 의미전달에 그치는 것이 아니라, 독자가 자신의 경험을 토대로 글을 분석, 종합, 추론, 판단하는 주체적인 사고과정이다(양재한·김수경·이창규·정영주·김정미, 2001). 즉, 독서는 쓰이거나 인쇄화된 필자의 사상과 감정의 표상을 독서의 세 가지 기초 조건이라 할 수 있는 읽을 자료, 독자의 지식, 생리적·지적 활동인 독서력의 상호작용에 의해 독자의 마음속에 깊이 재구성하는 과정이라 할 수 있다(손정표, 1999).

그리고 독서는 글쓴이가 전달하고자 하는 의미를 기호화하여 독자의 뇌에 재생하고자 하는 데 필요한 읽을 자료, 독자의 지식, 그의 생리적 활동의 세 가지 면이 상호작용하여 일으키는 과정이고, 지식, 정보, 연구조사, 영감, 오락의 자료원으로서 인간 커뮤니케이션 과정에서 그 가치를 발휘하는 논리적·비판적·전략적·창조적인 사고과정이기도 하다(허덕희, 1999).

한편, 독서교육은 독서 지도와 보통 혼용되어 사용되는데, 독서 지도는 구체적인 실천 방법을 강조한 것이며, 독서교육은 인간교육의 실현이라는 관점에서 사용되고 있다(신헌재 외, 1993). 즉, 독서교육은 넓은 뜻으로 초보단계의 문자 지도와 글의 독해 지도로부터 도서의 선택과 효과적인 독서기술 지도에 이르기까지 글과 책을 다루는 모든 지도 행위를 포함하며, 좁은 의미로는 도서의 선택과 활용 및 도서관 이용과 효과적인 독서기술 등의 지도에 제한할 수 있다(양재한·김수경·이창규·정영주·김정미, 2001).

따라서, 독서교육은 각 개인이 자기 자신에 대하여 인식하고 있는 독서능력, 독서흥미, 인격형성의 수준을 바탕으로 독서자료를 매체로 자기 생활을 충실히 하고 나아가 사회에 적응하는 인간형성을 계획적으로 도와주는 효과적인 활동이다(허덕희, 1999).

3. 독서행동과 독서과정

보통 독서행동은 독서과정과 독서결과의 두 부분으로 구성되는데, 독서과정의 8가지 측면들은 독서의 결과로 종합하여 나타나는데, 8가지 요소(감각적·지각적·연속적·경험적·사고적·학습적·결합적·정서적 측면)들이 조화롭게 혼합되고 상호작용할 때, 저자와 독자 사이에 훌륭한 전달 관계가 형성될 수 있다(아래 표 참고).

독서과정과 독서결과

독서과정		독서결과
감각적	기호체계를 감각기관으로 수용	• 필자에 의해 기록된 사상이 독자에게 전달되고 이해되는 것 • 전달은 이해를 전제로 한 것이며, 이해는 독서과정의 모든 측면에 의해 영향을 받는 것
지각적	문자기호 또는 단어를 해석	
연속적	단어의 선조적·논리적·문법적 패턴	
결합적	문자기호와 음성 간의 관계	
경험적	낱말의 의미를 직접적인 경험으로 관련	• 읽기 과정의 결합적 측면인 단어의 인지 기능은 필수적인 것
학습적	과거에 학습한 기억, 새로운 사상, 사실을 상호 조응	
사고적	자료 평가, 자료 추론	
정서적	개인적 흥미와 태도	

자료: 양재한·김수경·이창규·정영주·김정미(2001). 어린이 독서 지도의 이론과 실제. 태일사. 재구성.

한편, 독서과정은 보통 몇 개의 단계로 이루어져 있는데, Gray(1948)는 사고, 평가, 판단, 상상, 추론 및 문제 해결의 과정으로 정의한 후, 그 과정을 의미 있는 단위로 특정 단어를 발음하는 인지 단계와 개개의 단어들로 개념을 정립하는 독해 단계, 저자가 표현하고자 하는 사상과 감정에 대한 판단적 행동과 느낌을 요구하는 독자 반응 단계, 생각이나 개념을 자신의 경험 배경에 흡수하는 신구 사고의 융합 단계의 4단계로 구분하였다.

이와 달리, 김병원·노명완·윤일선(1975)은 독서과정을 눈에 수용된 기호 언어가 뇌에 전달되어 독서 반응을 일으키는 행동인 지각과 글자나 단어, 어군을 보고 뇌에서 일어나는 독서 반응으로 발음이나 의미를 확인하는 행동인 파지, 과거의 경험에 의해 장기 기억을 해

둔 지식에 지각과 파지를 연결시켜 바로 다음에 이어서 나오는 언어나 내용을 미리 짐작하거나 기대하는 행동인 예견의 연쇄 행동과정, 즉 지각, 파지, 예견의 3단계로 구분하였다.

또한, 독서과정은 글이나 문자 판독, 어떻게 읽어야 할까를 준비과정으로서 '단순 읽기 과정'과, 읽고 난 후 그 의미와 내용을 생각해 보는 과정인 '생각하기 과정'으로 구분하는 '읽기 과정'과, 내용과 느낌을 다른 사람에게 이야기하는 '이야기하기' 과정과, 동일한 내용을 읽은 사람끼리 토론하는 '토론하기' 과정, 언어적 표현과정을 통해서 다시 자신의 생각을 정리, 종합하여 완성하는 '글쓰기' 과정 등의 '표현하기 과정'으로 구분할 수 있다(한중경, 1996).

초등학생의 논술 지도 방안 모색

1. 들어가며

인간은 언어를 통해 자신들의 경험과 지식을 저장하고, 그것을 새로운 세대에 전수하며, 문화를 창조한다(최영환, 1998: 3). 산업 사회 이전에는 정보의 양이 많지 않아 전수된 문자 언어를 통해 정보를 습득하고 그것을 바탕으로 새로운 정보를 저장하고 전수할 수 있었다. 앞선 세대가 생산해 낸 내용(지식, 정보, 공식 등)을 학습하기 위해 언어교육이 이루어졌다고 해도 과언이 아닐 것이다.

사회가 고도의 산업사회로 변화하면서 전통적인 학습관도 점차 변화하기 시작하였다. 새로운 학습관에 의하면 학습이란 학습자의 인지구조의 계속적인 변화, 양적 변화뿐만 아니라 질적 변화를 의미하며, 학습의 절차와 과정을 중시한다. 특히 최근 대두된 사회적 구성주의에 의하면 지식은 공동체 구성원들 간의 사회적 상호작용을 통해서 구성된다(박태호, 1996: 32). 이 주장에 의하면 지식은 외부에 존재하는 것도 학습자의 내부 세계에 존재하는 것도 아니라 객관적인 사실과 학습자의 의식에 주관적으로 존재하는 것이다.

이러한 학습관(교육관 또는 지식관)에 대한 관점의 변화는 쓰기 교육에도 그대로 반영되어 결과 중심의 쓰기 교육에서 과정 중심의 쓰기 교육으로의 변화를 가져왔다(이호관, 1998: 192). 개정 교육과정은 이러한 토대 위에 쓰기 교육이 이루어지도록 구성되었다. 교과서는 학습자 간의 상호작용을 중시하였고, 자료의 다양화를 꾀하였다. 쓰기 시간을 통하여 자신의 생각과 주장을 문자언어로 효과적으로 표현하도록 하였고, 9학년(중학교 3학년)까지의 쓰기 교육으로 문학작품 창작까지 할 수 있도록 지도 내용이 설정되었다.

그러나 최근 대학 입시에서 논술[1] 시험의 비중이 커지면서 논술을 새로운 교과목의 출현으로 생각하고 학교와 학부모, 학생이 생소하게 여기는 현실이 매우 안타깝다.[2]

본고에서는 쓰기 지도의 문제점을 제시하고, 초등학교에서의 바람직한 쓰기(논술) 지도 방안을 모색하고자 한다.

---

[1] 논술이란 '주어진 문제를 창의적으로 해결하기 위해 비판적 글 읽기를 기반으로 한 논리적 글쓰기'로 간략히 정의할 수 있다(이은규, 2006: 8). 논술에 대한 정의는 학자에 따라 달라질 수 있으나 본고에서는 이에 대해 깊이 있게 논의하지 않고자 한다.

[2] 정상적인 쓰기 교육이 교육 현장에서 부재했음을 단적으로 보여 주는 모습이라 생각한다. 특히 입시 위주의 중등 교실에서 학습자 간의 상호작용, 과정과 절차를 중시하는 쓰기 교육은 뿌리를 내리지 못했을 것이다.

2. 쓰기 지도의 문제 및 해결

1) 쓰기 지도의 문제

가. 교과서

교과서는 교육과정상의 목표 도달을 위한 하나의 교재에 불구하다. 그러나 우리나라처럼 하나의 교과서를 전국의 모든 교수자와 학습자가 바이블과 같이 여기는 현실에서 볼 때 그 영향력은 교육과정 이상이라 하여도 지나친 말이 아니다.

개정 교육과정의 국어과 지도 내용을 충실히 지도하기 위해 국어 교과서는 그전의 교육과정에 비해 매우 다양하게, 그리고 많은 자료를 제시하여 아동의 이해를 돕고, 그것을 토대로 학습의 효과가 극대화하도록 편성되었다. 교재 내용도 현실화하였을 뿐 아니라 학습 내용의 순서도 매우 체계적으로 구성하였다. 그리고 삽화, 만화 등을 넣어 아동에게 친숙감을 더하게 하였고, 실물을 가장 잘 이해할 수 있는 그림과 사진을 게재하였다.

그럼에도 불구하고 아동들은 학년이 올라갈수록 쓰기를 기피하게 된다. 이는 국어과 지도 내용이 체계적이지 못하거나 학년 간의 수준 차가 커서 아동이 학습에 대한 부담을 느끼는 경우, 지도 내용에 따라 구현된 지도 교재(교과서)가 아동의 학습에 도움을 주지 못하는 경우로 해석될 수 있다.[3]

국어과 교육과정상의 지도 내용에 대한 문제를 거론하는 연구물이

---

[3] 물론 교수자(교사)의 문제, 기타 교육 여건과 환경 등의 문제를 거론할 수 있으나 고학년으로 올라갈수록 대부분의 학급에서 쓰기에 대한 흥미도가 낮아지는 것으로 보아 교수자의 문제로 처리하기 어렵다.

거의 없고, 체계와 수준차를 보완하기 위해 지도 내용이 나선형 구조 속에서 적절한 시기에 다시 한번 반복 지도되고 있으므로 국어과 교육과정 지도 내용에는 큰 문제가 없다고 생각한다. 따라서 쓰기 지도가 학교 현장에서 체계적으로 이루지지 않는 것은 교과서의 문제가 크다 하겠다.

현행 교과서는 글을 쓰기 위한 자료를 아동에게 제시하고 있으나 그 양이 일률적이고, 제시되는 형태가 단순하다. 그리고 빈 공간을 제시하여 아동의 깊이 있는 사고 활동을 유도하고 있다. 아동 각자에게 제시된 정보는 각자 지니고 있는 배경지식(schema)에 따라 이해하는 정도가 다르고, 그 저장 형태도 각각 다르다. 학습이 제대로 이루어지지 않은 상태에서 학습 상황이 종료되고 그러한 현상이 반복된다. 그러는 과정 속에서 학습자는 스스로 패배를 맛보고 쓰기에 대한 부정적 시각을 가지게 된다.

나. 교사

논술 지도에 있어 가장 큰 요인이 교사이다. 좋은 교재가 있고 우수한 학생이 있어도 교사가 지도할 의지와 능력이 없다면 논술 지도는 성공을 거둘 수 없다. 대부분의 초·중등교사는 논술 지도에 대한 교육을 체계적으로 이수하지 못했다.[4] 이런 실정을 무시하고 대학입시에 논술 능력이 중요하게 여겨지는 것은 이해하기 어렵다. 학교에서 배우지 않은 것을 평가한다 하니 학교와 학생, 학부모가 혼란에 빠지고, 논술 지도를 내세우는 사교육 시장이 급성장한 결과를 낳았

---

4) 현재 교대나 사범대에서 '논술'이 반드시 이수해야 할 과목으로 편성되어 있지 않다.

다. 창의적 사고력을 높이고 대학에서의 정상적인 학문 탐구의 자세를 지니게 한다는 원래의 취지와 목표는 사라지고 암기 위주의 단기 논술 지도 시장만 급성장시킨 꼴이 되었다.

　교육인적자원부는 2007학년도부터 전국의 모든 교사에게 단시간 내에 논술 지도 연수를 받게 하고, 1팀당 500만 원을 지원하여 1,000개의 논술 지도 연구 교사팀을 육성하겠다고 밝혔다(2006년 후반기 발표되었으나 실제 시행되지 않음). 또 2009학년부터는 초등학교에도 논술 과목을 정식 과목으로 채택하겠다고 하였다(개정 교육과정). 논술은 장기간에 걸친 독서와 그에 따른 지속적인 사고 활동에 의해 능력이 향상될 수 있다. 단기간의 연수로 교사의 논술 지도력 향상에 얼마나 효과가 있을지는 의문이며 일시적이고 무계획적인 시행에 얼마나 많은 시행착오가 발생할지 의심스럽다.

다. 학생, 학부모

　사물과 현상에 대한 논리적인 사고를 통해 학생의 생각하는 힘을 키우고자 논술 지도를 강화해야 한다는 데 이견은 없을 것이다. 그러나 체계적인 준비와 여건을 마련하지 않고 논술의 중요성을 강조하여 많은 부정적인 결과를 초래하였다. 그 영향은 학생과 학부모에게 있어 심적·물적 부담으로 나타난다. 지금도 많은 과목을 줄여야 함에도 불구하고 하나 더 늘려 부담을 주고 있으며, 방과 후에는 또 하나의 학원을 다녀야 하는 고통을 주고 있다. 학부모에게 논술 학원비에 대한 부담과 학교 교육의 부재로 직접 초등논술 지도교사 자격증을 획득하여 자녀를 직접 가르쳐야 하는 또 하나의 부담을 지게 하였다.[5]

　여유 있는 독서 시간과 여가를 통한 다양한 취미, 특기 신장 활동을 통한 사고의 과정이 허락되지 않는 우리나라 교육 현실로 볼 때, 논술은 '단기간, 전략을 통한 논술 기법 습득'이라는 한계를 벗어나기 어렵다는 것이 학생, 학부모에게 문제이다.

2) 쓰기 지도의 문제 해결

논술 지도는 쓰기 지도 안에서 이루어지는 것이 효과적이라 생각한다. 현재와 같이 교과서를 국가가 제작하여 배부한다면 거기에는 국어과 쓰기 영역에서 반드시 다루어야 할 내용(목표)만으로 최소화하여 제시해야 한다. 논술의 방법적인 면은 쓰기 영역의 지도 요소와 상당히 겹쳐져 있다. 또 국어과 읽기 영역의 지도 내용 중 독서 관련 내용을 추출하여 논술 시간으로 확보한다. 논술은 독서를 전제로 할 수밖에 없다. 그리고 논리적인 사고 활동의 공유가 필요한데 그것을 위한 방법적인 면도 국어과 말하기 영역의 내용과 겹치게 된다. 말하기 시간에서도 논술 지도를 위한 시간을 확보할 수 있을 것이다. 그렇게 한다면 정규 수업 시수를 늘리지 않더라도 기본적인 논술 지도 시간을 확보할 수 있다.[6]

논술은 국어과와만 관련이 있는 것이 아니다. 논술에서 제시되는 논제는 모든 사회현상, 학문, 철학, 종교, 문화 등 사회 전반의 문제와 관련이 있다. 이러한 구체적인 문제에 대한 논술 지도는 교과별 또는

---

5) 2004년부터 서울 송파구 주부들은 초등학생인 자녀의 논술 지도를 위해 초등논술지도사 자격증을 획득하기 위해 교육을 받고 있다.

6) 2007년도부터 전면적으로 시행하기로 했던 주5일제 수업은 2006년도와 같이 월 2회 격주로 시행되었다. 그러나 2012년부터는 주5일제 수업에 맞춰 개정될 것이고, 그에 따라 수업 시수가 줄어들었다. 따라서 논술 과목이 신설된다면 다른 과목의 시간을 줄여야 할 것이다.

통합적으로 다루어져야 한다. 여기에 사회 과목 교사도, 미술 과목 교사도 논술을 지도할 수 있어야 한다는 근거가 세워진다. 그리고 모든 사회문제는 개별적으로 존재하는 것이 아니라 대부분 통합적으로 존재한다. 그러므로 교과 통합을 통한 논술 지도도 실시되어야 하는 것이다.

국가에서 발행하는 교과서 또는 인정 교과서는 교사가 논술 지도를 하기에 적절하게 만들어져야 한다. 그러나 교사 스스로 각 과목에 대한 연구를 철저히 하여 교과별 논술 지도 방법을 수립하여 체계적으로 지도하고, 교과를 초월하여 연관된 문제를 접목하여 사고하는 훈련을 지도하여야 할 것이다.

학생은 독서하는 습관을 들여 좋은 책을 꾸준히 읽고, 사회현상과 책을 통한 지식을 이용하여 문제를 해결하기 위하여 깊이 있게 사고하여야 한다. 또한 자신의 생각을 주위의 사람과 함께 토론함으로써 보다 논리적인 사고 체계를 형성해 가야 할 것이다.

학부모는 자녀의 올바른 독서 습관을 권장하고, 함께 책을 읽어 학생의 토론 상대가 되어야 한다. 때론 양서를 먼저 읽어 권하고 독서의 관점을 제시하고 문제를 해결할 수 있는 단서를 제공해야 한다. 이렇게 함으로써 학부모는 자녀의 논술 지도 선생님의 역할을 하게 될 것이다.

위 내용을 간략히 정리하면 다음과 같다.

(1) 기본적인 논술 지도 시간은 국어과의 말하기, 읽기, 쓰기 영역의 시간에서 확보한다.

(2) 논술은 각 교과에서도 지도되어야 한다. 그리고 교과를 통합하여 지도되어야 한다.

(3) 교사는 교과별 논술 지도 방법을 연구하여 체계적으로 논술 지도하여야 할 것이다.

(4) 학생은 독서하는 습관을 들여 좋은 책을 꾸준히 읽고, 자신의 생각을 다른 사람과 함께 토론함으로써 보다 논리적인 사고 체계를 형성해 가야 한다.

(5) 학부모는 자녀의 올바른 독서 습관을 권장하고, 함께 책을 읽어 학생의 토론 상대가 되어야 한다.

3. 초등학교에서의 논술 지도의 실제

최근 서점은 논술 관련 서적으로 모처럼 활기를 찾고 있다. 논술 관련 서적은 그 수를 가늠하기 어렵다. 왜냐하면 며칠이 멀다 하고 새로운 책이 출간되기 때문이다. 쉽게 어느 책을 선정해야 할지 파악하기 정말 힘들다. 그러나 아무리 돌아봐도 초등학교 학생이나 학부모가 만족할 만한 수준의 책은 보이지 않는다. 이는 대부분의 책들이 대학 입시 논술 준비를 위한 책이기 때문이다. 이는 논술이 초등학교 교육과정부터 점차 학습되는 것이 아니라 대학 입학용으로 활용되기 때문이다. 고등학교, 중학교과정의 논술 지도 내용과 교재가 전무한 상태에서 대학입시만을 강조한 결과이다.

따라서 초등학교 논술 지도의 실제를 논한다는 것 자체가 모순이다. 그러나 초등학교에서부터 고등학교까지 논술이 정규 과목으로 편성된다 하니 이제부터라도 체계적인 논술 지도 교재와 교수-학습법이 수립될 것이라 생각한다.

이에 본고에서는 초등학교 논술 지도의 시기와 내용, 방법을 간략히 제시하고자 한다.

1) 논술 지도의 시기

Selman과 Byme는 아동은 6세를 전후하여 기본적이 주관성을 깨달으며, 독립적인 인지 조망을 갖게 된다고 하였다(김재은, 1998: 99). 그러나 이 시기는 자기중심적인 경향이 강하여 타인의 사고 체계를 자기의 것과 견주어 생각하는 힘이 부족하여 본격적인 논술 지도는 어렵다고 판단된다. 초등학교 저학년에는 소집단 중심의 협동학습보다는 교사와 학급 전체 학생의 상호작용에 의한 학습이 주를 이루며, 교사는 학생 각자의 사고를 촉진하는 역할을 한다. 말하기와 쓰기 시간 등을 이용하여 논술의 기초를 학습하고, 그 내용은 다른 과목에서 받아들여 학습한다면 통합 논술의 초기 단계 학습도 가능하다고 생각한다.

Vygotsky는 7, 8세 된 아동은 내적 언어의 도움으로 복잡한 문제를 해결하기 시작한다고 하였다(김재은, 1998: 214). 자아 중심적인 사고에서 벗어나 집단을 중심으로 자신의 사고 체계를 점차 형성할 수 있는 시기가 초등학교 4학년 전후의 시기이다. 이 시기에는 자신의 생각과 동료의 생각을 견주어 자신의 사고 체계를 좀 더 논리적으로 형성해 가는 시기이므로 학교에서의 논술 지도는 이 시기가 가장 적당하다.

2) 논술 지도의 내용

초등학교에서의 논술 지도 내용은 독서를 기반으로 이루어져야 한다. 독서는 지식을 체계화하여 독자에게 제공하며, 독자로 하여금 깊이 있는 생각을 하게 한다. 독자로 하여금 책의 내용을 재구성하게 하며, 새로운 아이디어를 제공한다. 새로운 아이디어의 결합으로 인해 창의적인 사고까지 가능하게 한다.

다매체 사회에 사는 현대의 아동에게 있어 어려운 책은 그다지 흥미 있는 대상이 아니다. 다른 매체보다 흥미가 없고 이해하기 어려운 책을 읽는 것을 즐기지 않는다. 요즈음 아동 도서가 만화와 그림 중심으로 내용을 구성하고 있는 것은 이러한 독서 경향을 반영하였기 때문이다.

읽지 않는다면 억지로 읽게 하여야 하지만 스스로 읽고, 스스로 사고하지 않는다면 독서 활동의 효과를 얻을 수 없다. 학부모와 교사는 아동의 이러한 특성을 파악하여 흥미와 능력에 맞는 도서를 적절히 제공하고 점검하여 점차 독서를 통한 사고활동이 활발하게 이루어지도록 지도하여야 한다.

책은 교과서에 제시된 내용이 들어 있는 원전 도서를 부모가 미리 파악하여 아동에게 제공해 주는 것이 좋다. 원전 내용을 미리 읽고 부모와 같이 생각한 아동은 교과서 학습 활동에 흥미를 느껴 자신이 부모와 나눈 결과를 중심으로 활발하게 학습에 임하게 될 것이다. 자신이 먼저 생각한 것에 대해 자신감이 생길 것이고, 말하는 동안 자신의 사고 체계를 정리할 것이다. 그 결과 학습 활동에 만족해할 것이고, 다음 학습에 대한 기대로 예습을 하게 될 것이다.

그리고 책을 보는 것보다 현장 체험 학습이 가능한 내용이 있다면 현장을 직접 체험하면서 깨닫고 알아 자신의 것으로 만들도록 하여야 한다. 과학, 사회 등의 학습은 실제 가서 보는 것보다 효과적인 학습 방법은 없다. 실제 체험 학습을 하기 전에 사전에 미리 인터넷이나 책을 통해 체험 학습할 부분을 파악하여 학습 부분에 대한 충분한 사전 지식을 갖는다면 더욱 효과적일 것이다.

하루 일과를 반성하고, 자신의 생각을 정리하는 일기도 논술 지도 내용이 될 수 있을 것이고, 좋은 문화 공연(연극, 영화 등)을 정기적으로 관람하고 그에 대한 생각을 부모와 대화를 통해 정리하는 것도 논술 지도 내용이 될 수 있을 것이다.

3) 논술 지도의 방법

학교에서의 논술 지도는 교과서를 중심으로 이루어진다. 현재 논술 교과서가 없으므로 교재를 새로 제작하고 교수-학습법도 마련해야 한다. 당연히 교육과정에 맞지 않을뿐더러 시간 확보도 어렵다. 따라서 교과서와 교수-학습법은 8차 교육과정을 근간으로 하여 제시되어야 한다. 교육인적자원부에서 연구팀을 지원하여 교수-학습 프로그램을 연구하고, 전문가를 양성하게 되면 오래지 않아 논술 지도 방법이 체계적으로 제시될 것으로 믿으며 우선 대략적인 내용을 다음과 같이 제시한다.

첫째, 초등학교에서의 논술 기초 지도 방법은 쓰기 지도 방법과 크게 다르지 않아야 한다. 현행 교육과정은 아동의 사고력 증진에 초점을 두고 구성되었고, 언어발달 단계에 적합하게 구성되었으므로 이를 좀 더 보완하여 지도할 수 있는 방법이 모색되어야 한다.

둘째, 독서 지도와 연관 지어 지도할 수 있는 방법이어야 한다. 독서는 많은 지식을 지니게 한다. 교과와 연계한 많은 지식이 확보된 학생은 학습에 자신감을 가지고 참여할 것이다. 교사는 학생이 독서를 통해 지니게 된 지식을 논리적으로 체계화할 수 있는 독서 논술 지도 방법을 지니고 있어야 한다.

셋째, 소집단 협동학습은 논술 지도에 효과적이다. 논술 지도의 초보 단계에 있는 초등학생에게는 소집단 협동학습이 효과적이다.[7] 이질집단으로 구성된 소집단 학습이 효과 면에서 전체 집단, 개별 학습보다 뛰어난 것으로 보고되고 있다. 집단 구성원이 서로 협력하여 문제를 해결한다면 보다 쉽게 단시간에 학습 문제를 해결할 수 있다.

넷째, 펜을 들어 종이에 써 보게 하는 습관을 기르도록 한다. 요즘 학생들은 컴퓨터 자판을 일찍이 사용하고, 휴대전화를 이용하여 통신을 하기 때문에 종이에 직접 글을 쓸 기회가 적다. 메모장을 휴대하여 자신의 생각과 느낌을 글로 남기도록 유도하여야 한다. 그리고 원고지에 글을 쓰는 연습을 하도록 하여야 한다. 그래야 맞춤법을 제대로 쓰고 문법에 맞는 문장을 쓸 수 있게 된다.

다섯째, 부모가 함께 읽고, 대화하고, 써야 한다. 좋은 책이라면 어렸을 때 읽었던 책이라도 다시 읽어야 한다. 그래야 자녀들과 대화할 수 있다. 오래전 읽은 책은 내용이 다 생각나지 않는다. 자녀들과 대화하려면 자녀들보다 책의 내용을 더 많이 알고 있어야 한다. 깊이 있는 대화의 횟수가 많아지면 그다음엔 느낌을 문자로 공유하고, 내

---

7) 소집단 구성은 4~6명으로 구성하는 것이 효과적이다. 최근 각종 실험 연구에서는 실험에 효과적인 소집단 구성 인원은 4명이 적절하다고 생각하고 있다.

용의 깊이를 점점 더해 간다. 그것이 모이면 훌륭한 논술 공책이 될 것이다.

4) 가정에서의 논술 지도

초등학생에게 있어 논술이 정규 교과목으로 편입된다 하더라도 학부모의 부담은 크게 줄어들지 않을 것이다. 왜냐하면 논술 능력은 태어나서 지금까지의 경험과 독서에 의해 축적된 배경지식에 영향을 받는데, 이는 아동마다 차이가 크기 때문이다.

따라서 학급의 중간 수준에 맞추어 지도되는 학교에서의 논술 지도로는 만족함을 얻지 못하게 될 것이다. 상당수의 학부모는 수준 높은 논술 능력을 기르게 하기 위해 아동을 학원 수강이나 다른 전문가에 의한 지도를 받게 할 것이다. 그러나 이러한 논술 지도도 일정한 수준을 유지한 지도로 개개 아동의 논술 능력에 맞는 지도가 어렵거나 실적을 위한 단기간의 전략적인 지도 중심이 될 것이다.

가장 좋은 지도는 부모에 의한 장기적인 지도이다. 다음은 부모가 할 수 있는 가정에서의 논술 지도 전략이다.

첫째, 책을 내용을 생각하며 꼼꼼히 읽게(정독) 한다. 독서 5단계법을 활용하여 지도한다면 지도에 어려움이 없을 것이다.

독서 5단계법(이만기, 2005: 58~61)
 (1) 훑어보기(Survey) - 책의 제목과 목차 삽화, 그림, 표 등을 살펴보면서 책의 주제를 추론해 보는 단계
 (2) 질문하기(Question) - 훑어본 내용을 바탕으로 책과 관련된 질

문을 만들어 책의 내용을 예측하는 단계

(3) 읽기(Reading) - 2단계에서 던진 질문에 대한 답을 찾아가며 비판적 자세로 책을 읽는 단계

(4) 되새기기(Recite) - 책 내용을 되새김질하는 시간. 독서 노트를 만들어 책 제목과 요약문을 함께 기록해 두는 단계

(5) 검토하기(Review) - 작성한 요약문이 올바른지, 책 읽기 전 제기한 질문에 대한 답을 정확하게 예측했는지 등을 다시 한번 살펴보는 단계

위 5단계 독서법은 아동의 논술 수준과 도서에 따라 단계가 뒤바뀌거나 생략될 수 있다.

둘째, 아동 생활 인접 공간에 책이나 잡지, 신문 등을 갖다 놓는다. 책장에 책이 가지런히 꽂혀 있다면 아동은 일 년 내내 책을 꺼내 읽지 않을 수도 있다. 아동이 생활하는 인접 공간-방, 거실, 식탁 등-에 읽을거리를 가져다 놓으면 아동은 자연스럽게 읽게 된다. 그러면 아동은 모르는 사실이나 흥미 있는 내용에 대해 의문을 가지게 되고 부모에게 질문할 것이다.

"엄마, 아파트 값이 왜 자꾸 올라요?"

"아빠, FTA가 뭐예요?"

부모로부터 의문점에 대한 대답을 듣게 되겠지만, 아동은 그에 만족하지 못하고 만족할 만한 답을 얻기 위해 인터넷을 뒤지거나 또 다른 책이나 신문 등을 찾아 읽게 될 것이다. 문제를 해결한 아동은 그만큼 배경지식이 쌓이게 되고 보다 어려운 문제를 접해서도 적은 노력만으로 문제를 해결하게 될 것이다.

셋째, 논술 노트 양식을 만들어 직접 펜으로 쓰게 한다. 컴퓨터를 사용하여 문서를 작성하는 것이 보편화된 시대에 산다 하더라도 글씨를 잘 쓰는 것은 살아가면서 여러모로 도움이 된다. 대학 입시를 위한 논술도 손을 이용하여 직접 글씨로 써야 한다. 수많은 입시생들의 논술문을 채점하는 채점자들은 매우 바빠 모든 논술문을 처음부터 끝까지 정독하기 힘들다. 글씨체가 좋지 않고 원고지 사용법에 어긋나는 논술문은 낮은 점수로 평가되는 쪽으로 분류될 수밖에 없다. 독서 후 내용을 정리하게 하거나, 영화나 연극을 보고 난 후의 느낌, 가족과 함께한 체험학습 후의 기록 등을 정리할 수 있는 노트를 학년당 한 권 정도 쓰도록 한다. 노트 양식은 내용에 따라 약간씩 달리하되 아동이 부담을 느끼지 않을 정도의 분량으로 한다(한 번에 A4용지로 1면 정도 작성). 원고지 양식으로도 글을 쓰도록 한다.

노트를 보고 부모는 아동에게 자신의 생각을 글로 나타내고, 거기에 따른 아동의 생각도 글로 나타내도록 한다.

넷째, 부모가 한글 맞춤법, 원고지 사용법 등을 가까이 두고 항상 읽는다. 고학력의 학부모라 하더라도 한글을 맞춤법에 맞게 사용하는 경우는 흔치 않다. 부모가 한글을 제대로 익혀 사용하지 못한다면 아동을 지도할 수 없다. 채팅 용어 등을 일상생활, 학습 활동 시간에도 흔히 사용하여 무엇이 올바른 표기인지 모르는 아동의 맞춤법 지도는 학교에서 이루어져야 하지만, 학교에서만의 지도로는 한계가 있다. 가정에서 생활하면서 또는 학습 지도를 하면서 부모는 말과 더불어 문자를 사용한다. 그러므로 정확한 지도를 위해 한글 맞춤법을 가까이 놓고 익혀 아동을 지도하여야 한다. 원고지 사용법에 관한 내용은 한번 정확히 익히면 자주 보지 않아도 되나 아동 지도를 위해 가까이 놓고 자주 읽어 익히도록 한다. 한글 맞춤법은 자주 바뀌지 않으나 원고지 사용법은 출판업의 발전에 따라 변화할 수 있으므로 원고지 사용법의 변화 추이를 살펴 부모가 먼저 학습하도록 한다.

다섯째, 다양한 체험을 하도록 하고, 아동에게 '왜'라는 질문을 자주 던진다. 주변의 호기심의 대상이 되는 것은 가능하면 직접 보게 하고, 만지게 하여 이해하여 자신의 것으로 만들게 해야 한다. 어린 시절 고궁을 찾으면 아이들은 고궁에 지닌 역사적 의미나 문화재에 대한 관찰보다 먹을 것을 찾고, 힘들어한다. 하지만 그런 와중에서 아이의 머릿속에는 고궁에 대한 나름의 어렴풋한 기억은 남는다. 그리고 그것은 어떤 식으로든 의미 있게 머릿속에 자리 잡는다. 그것이 배경지식이 되어 점차 성장하면서 배우게 될 고궁, 문화재, 옛 건축물과 연관을 짓게 되고 그것이 다시 배경지식화된다. 여기에 특별한 사건이 될 만한 일이 발생한다면 그것은 추억이 된다. 그 특별한 사건은 고궁에 대한 배경지식을 고착화하는 데 큰 영향을 미친다. 부모로부터의 '왜'라는 질문도 하나의 특별한 사건이 될 수 있다. 그렇게 되면 아동은 남들과 달리 고궁을 한 번 더 쳐다보게 될 것이고, 부모의 질문에 나름대로 생각하는 정답을 산출할 것이다. 아동이 지금 눈여겨 살펴보고 있는 고궁의 실체와 사고로 인해 고궁에 대한 보다 정확한 이해가 가능할 것이다.

여섯째, 교과목과 관련지어 지도한다. 교과목은 그 시기에 배워야 할 가장 중요한 내용을 모아 놓은 것이고, 상급 학교 입시 및 상급 학교에서의 학습과 밀접한 관련이 있다. 그리고 논술의 주제 또한 모든 과목과 연관된 내용으로 되어 있다.[8] 수학 공부 시 수학과 관련된 이야기책을 읽으면 수학이 재미있어지고, 쉽게 이해가 될 것이다. 앞으로는 논술, 독서 지도는 국어과뿐만 아니라 모든 과목에서 활용될 것이다. 독서를 중심으로 한 교육은 아동에게 있어 종합적인 안목과 창의적인 사고를 키울 수 있을 것이다. 교과목과 관련한 독서는 교과목 내용에 대한 이해를 통해 학력 향상의 결과를 가져다줄 것이다.

4. 나오며

학교 현장에서 2, 3년을 주기로 아동이 배워야 할 과목이 하나씩 느는 것을 볼 때 마음이 아프다. 전인교육, 체험 위주의 학습을 강조하지만 실상은 점점 거꾸로 가는 것 같다. 컴퓨터, 재량활동, 영어 등이 21세기를 대비한 교육이라 하지만, 그것은 아동에게 버거운 짐일 수밖에 없다. 여기에 앞으로 초등학교 교과목에 '논술'이 정규 교과목으로 편성된다 하니 걱정이 앞선다.

그러나 논술이 지향하는바ㅡ창의적 사고과정을 거쳐 문제를 스스로 해결하게 함ㅡ는 원론적 입장에서 찬성한다. 대학 입시에서의 논술도 변별의 목적과 더불어 대학 수학능력을 검증하겠다는 쪽으로 논술 주제가 제시되고 있는 점 또한 바람직하다.

논술 능력의 향상을 위한 단기 완성 기관이 범람하고, 초등학교부터 과열 열풍이 부는 것은 매우 우려할 만한 일이다. 앞서 말한 것처럼 초등학교에서의 논술은 별도의 교과목을 편성하지 않아도 가능하다. 기본적인 방법은 쓰기 시간을 통해서 학습하고, 구체적인 논술 학

---

8) 현재 통합논술 지도가 논술 지도의 대세이다.

습은 각 교과, 또는 교과 통합을 통해 가능하리라 생각한다. 주5일제에 맞춰 연간 수업 시수를 줄여야 하는 형편인데 새 교과목의 설치는 수업 시수 축소에 걸림돌이 될 것이다.

학교교육을 통해 논술의 기본 방향과 지도 방법을 제시하고, 학교와 가정이 협력하여 아동 개개인의 논술 능력을 향상시켜야 할 것이다. 논술은 여러 복합적인 해결 요소의 결합에 의한 논리적인 사고의 점진적인 발전에 의해서만 가능하기 때문에 시간을 두고 천천히 지도되어야 한다.

〈가정에서의 논술 지도를 위한 노트 양식의 예〉

20 년 월 일 요일			
논술거리	독서, 체험, 관람, 쇼핑, 친구 사귐, 학습, 생각, ( )		
구체적인 내용	5월 5일 가족과 함께 에버랜드에 가서 놀이기구 타고 놂.		
상세한 내용	1. 2. 3. 4.		
위 내용에 대한 나의 생각	1. 2. 3. 4.		
나의 생각 종합 정리			
부모님 의견		입장권 등 참고자료 붙이기	※ 크기가 크면 뒷면에 붙임.

독서논술로 우리 아이 사고력 깨우기

1. 사고력이 왜 중요한가요?

제목: 펀치넬로와 잎싹의 소망과 문제점

나무인형, 평범한 웸믹인 펀치넬로와 자유를 찾아 마당에서 나온 암탉 잎싹에게는 소망이 있었다. 하지만 엄밀히 보아 그 각각의 소망은 매우 달랐다. 그 차이점과 더불어 의미를 살펴보자. 첫째로, 펀치넬로의 소망에 대해 말해 보자면 그의 소망은 상자와 공을 다른 웸믹보다 더욱더 많이 쌓아 최고가 되는 것이었다. 그리고 잎싹의 소망은, 마당에서 나와 알을 품어서 병아리의 탄생을 보는 것이었다. 이것들의 차이점은 소망의 생성에 있다. 펀치넬로의 소망은 상자와 공을 많이 모아서 최고가 되기 위한, 겉보기 용도뿐이었으나, 한편 잎싹의 소망은 정말로 자신이 꼭 한 번 이루어 보고 싶은, 마음에서 우러나온 소망이라는 것이다. 의미를 대조해 보자면 펀치넬로의 소망은 요즈음 사회 사람들이 자신을 챙기기도 전에 따라가는 것을 의미하며, 잎싹의 소망은 사람들이 자신의 생각하는 꿈, 행복을 이루기 위해 추구하는 삶이라고 정의할 수 있다.

위에서 살펴보았듯이 펀치넬로의 소망은 다소 문제점이 있다. 이 이야기는 삶의 가치가 상자와 공, 그리고 돈이라는 것을 제외하고는 현재 사회와 비슷한 경향이 있는데 문제점은 사람들이 그들 자신을 챙기기도 전에 사회 풍조를 따라간다. 이것은 결코 가치 있는 일이라 볼 수 없다. 그 이유는 펀치넬로에게서 보았듯이, 따라오는 경쟁자로 인한 피로와 스트레스도 얻었으며, 고귀한 자신의 존재 이유도 잊고, 가장 소중한 우정과 사랑, 믿음까지도 모두 잃었기 때문이다.

사회 풍조를 따라가되, 자신을 먼저 챙긴 뒤에 자신이 좋아하는 일을 하라는 것이다. 경쟁 속에서도 늘 행복한 펀치넬로와 사회구성원이 되길 바란다.

(2008 경기도 교육청에서 실시한 독서논술대회 최우수작)

위 글은 올해 경기도 부천 교육청에서 실시한 독서논술대회에서 최우수상을 받은 아동의 글이다. 두 권의 책에 나온 주인공들의 삶을 비교 대조하여 자신의 생각을 논리적으로 풀어냈다.

단편적인 사고로는 이러한 글을 쓰기는 어렵다. 다음 두 가지 사례를 보면 사고력을 측정하는 논술이 점점 왜 중요시되는지 알 수 있다.

첫 번째로, 현재 고등학교의 시험 보는 날의 교실의 풍경이다. 시험지를 나누어 주자마자 4분의 3이 넘는 학생들이 엎드려 잠을 잔다고 한다. 국어시험이 아닌 수학이나 과학시험에서조차 문제의 뜻을 이해하지 못해서 풀지를 못하기 때문이라고 한다.

두 번째의 예는 실제로 경인교대 입시에서 논술시험을 채점하신 교수님의 증언이다. 경인교대를 지원한 학생들은 대부분 내신 1등급의 성적 우수아들이다. 그러나 논술을 채점하면서 많이 실망하신다고 한다. 그런데 뜻밖에 그나마 체계가 맞고 논리적인 글이 나와서 A+를 주셨다고 한다. 웬걸? 다른 학생들을 계속 채점하다가 그 글과 너무도 똑같은 글이 여러 장 나와서 조사해 보니 같은 논술학원의 예상문제를 달달 외운 글이었음이 밝혀졌다. 그리고 그 글 모두 F 처리되었다고 한다.

다음의 글은 독서논술대회에서 최우수를 준 심사위원들의 강평이다. 읽어 보면서 사고력이란 무엇이고 어떻게 길러 줄 수 있을지 생각해 본다.

〈대상 학생 답안 강평〉

여러 차례의 협의과정을 거쳐 심사위원들이 위 학생의 작품을 대상으로 선정하였다. 이 글은 펀치넬로와 잎싹이 바라보는 소망을 비교 분석하고 자신이 어떤 입장에 서서 삶을 바라보는 태도가 올바른지 혹은 비판해야 하는지 자신의 견해를 논리적으로 서술하였다.

먼저 제시문 분석 후 도입부분에는 펀치넬로와 잎싹이 소망에 대해서 다르다는 점을 말하고 어떤 점이 다른 것인지 조목조목 비교하면서 제시하였다. 대부분의 학생들이 도입부분에서 바로 줄거리를 요약하거나 두 주인공의 인물이 다르다는 것만 이야기할 뿐 구체적으로 서술하지 못하였지만 위 학생은 펀치넬로의 삶과 잎싹의 삶은 소망의 생성에서 차이점이라는 새로운 견해를 피력했다. 즉 펀치넬로는 겉보기에만 치중하는 공을 모으는 것이며 잎싹은 마음에서 우러나오는 삶이라고 이야기하며 이러한 점을 현실 세계에서 빗대어서 사회 사람들의 모습을 펀치넬로가 표현하고 있다고 정의를 내렸다.

그리고 펀치넬로의 삶을 통해서 현실사회에서 펀치넬로가 모으는 것은 돈이며 모든 사람이 돈을 모으기에 급급하며 피로와 스트레스를 얻고 우정이나 사랑, 믿음을 잃고 있다고 요약 정리했다.

마지막으로 펀치넬로의 삶은 잘못된 것이며 경쟁 속에서도 자신이 진정으로 좋아하는 일에 열정을 갖고 살라는 말로 마무리를 하였다. 전체적으로 논제에 벗어나는 일이 없이 글을 이끌어 가는 흐름이 매우 자연스러웠으며 문단 구성이 올바르며 어휘 선택을 할 때에 다른 학생들보다 수준이 높았다.

　다만 아쉬운 점은 자신의 생각을 피력할 때에 적당히 요점을 집약한 것을 문단마다 덧붙여 주고 잎싹의 소망은 어떠한 점에서 펀치넬로의 삶보다 가치가 있었는지를 말해 주었다면 더 체계적으로 논리적인 글을 쓸 수 있었을 것이다.

2. 책 읽기, 독서논술, 사고력은 어떻게 키울 수 있나요?

　'똑같이 책을 읽혔는데 왜 우리 애는 저런 글을 쓰지 못하는 걸까?'
물론 다독은 생각의 지평을 넓혀 준다. 그러나 어떤 책을 어떻게 읽느냐에 따라 사고력의 발달은 아동마다 차이가 날 수밖에 없다. 사고력을 키우는 여러 가지 읽기 방법 중에 한 가지를 제안해 본다.

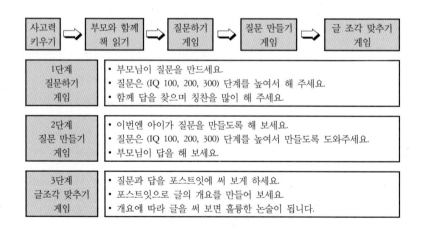

3. 사고력을 키우기 위한 질문은 어떻게 만드나요?

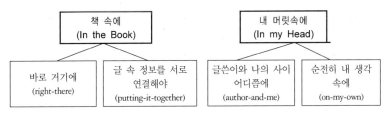

출처: 노명완·정혜승. 교실수업 전략. 2002.

"아동이 만든 질문의 수준은 곧 아동의 독해 수준과 사고 수준을
보여 주는 징표."

물론 아동의 이해 수준에 따라 다르겠지만 보통 처음엔 부모님이
질문을 하고 아동이 답을 하고 그다음엔 아동이 질문을 만들고 부모
님과 함께 답을 찾아본다. 질문은 네 단계로 하면서 성취감을 얻도록
고무시킨다.

【IQ 100짜리 질문】
책 속에 바로 답이 나와 있는 질문
예) 늑대는 왜 첫 번째 아기 돼지를 잡아먹었니?
【IQ 200짜리 질문】
책의 여러 부분을 서로 연결해야 답을 찾을 수 있는 질문
예) 늑대는 왜 억울하다고 했을까?
【IQ 300짜리 질문】
책을 쓴 지은이가 말하고자 하는 것을 알아내야 답을 할 수 있는 질문
예) 왜 우리가 알고 있는 <아기 돼지 삼 형제>와 다르게 지은이는

이런 책을 썼을까?

【IQ 400짜리 질문】

예) 책을 쓴 지은이가 의도한 것과는 별개로 내가 그 책을 읽고 생각한 내 생각을 묻는 질문

예) 다른 관점으로 우리가 알고 있는 이야기를 새롭게 쓰는 것에 대해 어떻게 생각하니?

4. 글쓰기 싫어하는 내 아이에게 이 방법이 통할까요?

물론 사고력이 논리적인 글로 연결되기 위해서는 부모님과 나눈 대화를 포스트잇에 적어 그것을 개요로 글을 쓰는 것까지 해 보는 것이 좋다. 수업 중 활동을 통해 보면 아동들은 포스트잇에 간단하게 대화 내용을 적는 것까지는 즐거워한다. 그러나 그것을 완성된 글로 쓰는 것을 힘들어하는 아동들도 있다.

그럴 때는 절대 강요하지 말고 아이의 특성에 맞게 융통성 있게 방법을 고안해야 한다. 칭찬을 해 가며 포스트잇에 간단히 쓴 내용의 글을 늘려 가 본다. 그러다가 내 아이가 가장 재미있어 한 내용을 가지고 짧게라도 글을 써 보게 한다든지 아니면 컴퓨터를 이용하여 글을 쓰게 한다든지 글을 쓴 보상을 한다든지 다양한 시도를 하다 보면 어느덧 책을 읽으며 생각하고 그 생각을 글로 풀어내는 내 아이의 모습을 발견할 수 있게 된다.

항상 기적이나 마법은 준비하는 자에게만 오는 법!

우리 아이 독서논술 이렇게 해요

　미래사회를 이끌 사람은 지혜롭게 사고하고 생각을 조리 있게 표현하며 새로운 지식을 창출해 내는 능력을 지닌 창의적인 사람이다. 논술은 한 사람이 가진 모든 지식과 정보의 종합적인 작용이다. 따라서 독서를 통한 논술 교육은 21세기를 이끌 통찰력과 문제 해결력을 기를 수 있는 가장 중요한 교육이 될 것이다.

　초등학생들에게 논술 열풍이 불면서 자녀의 논술 지도에 어려움을 느끼는 부모가 많습니다. 좋은 논술 교육은 초등학생의 성장 단계에 어울리는 지도가 필요하다. 부모가 자녀와 토론하는 것을 생활화하고 논술 잡지 등을 활용하면 아이의 논술 기초 실력이 튼튼해질 수 있다.

1. 논술이란?

　논술이란 어떤 논제에 대하여 자신의 생각이나 입장(판단이나 주장)을 내세운 다음 다른 사람이 인정할 수 있는 여러 가지 이유(근거)를 제시하는 논리적인 과정을 통하여 그 의견이나 주장이 옳음을 진술하는 글쓰기이다. '논리적'이라는 말은 '객관적'이라는 말과는 다르다. 책 속에 나오거나 모든 사람이 인정하는 객관적인 근거를 나열하는 것이 아니라 주관적인 자신의 경험이나 철학을 담아 읽는 사람으로부터 타당하다고 동의를 얻어 낼 수 있어야 한다. 생각이란 맞고 틀리는 것이 아니라 그에 대한 이유가 적절한가가 중요하기 때문이다. 다시 말하면 논술이란 주어진 문제에 대하여 자신의 견해나 주장을 합리적인 근거를 밝혀 읽는 이를 설득하는 글이다.

2. 논술 교육의 목표

가. 언어적 표현 능력 신장

　글을 쓸 때 사고와 표현은 상호 보완적인 관계에 있으며, 논술은 자신의 사고를 언어를 통해 효과적으로 전달하는 방법을 가르친다. 논점에서 벗어나지 않게 쓸거리를 마련하고 이를 문제 상황에 맞게 논리적으로 조직해서 어법에 맞는 정확하고 설득력 있는 언어로 표현할 줄 아는 능력은 쓰기 교육 차원에서 강조해야 할 논술의 주요한 교육 목표가 된다.

나. 독해력 신장

최근 논술의 경향은 독해력이 반이라고 해도 과언이 아닐 정도로 여러 종류의 책에서 발췌한 제시문을 주고 그 속에서 논제를 찾아서 논술하도록 하고 있다. 즉 제시문을 이해하고 요약하는 능력, 논점을 파악하여 문제 상황을 이해하는 독해력이 논술의 중요한 비중을 차지하고 있다.

다. 문제 해결 능력 신장

논술은 지나치게 추상적이고 전문적인 내용보다는 인간이라면 누구나 삶 속에서 부딪치게 되는 보편적인 삶의 문제를 중심으로 한다. 학생들은 주어진 문제 사태를 통찰해서 문제의 본질을 발견하고 새로운 시각과 사고를 동원하여 자신만의 방법으로 그 문제를 해결해야 한다.

이처럼 논술은 당면한 생활에서 문제점이나 논쟁점 등을 깊이 있고 폭넓게 바라보고 독창적인 논리나 근거를 제시하는 논증과정을 통해 문제를 해결하는 능력을 길러 주는 것을 목표로 한다.

라. 사고력 신장

폭넓은 사고력을 통해서만이 깊이 있고 설득력 있는 글이 탄생한다. 논술 교육의 핵심은 사고력 신장이다. 관련되는 여러 요인과 관점 등을 고려하여 합리적으로 판단하는 종합적이고 **합리적인 사고력**, 아이디어와 아이디어, 혹은 주장과 근거 간에 억지나 비약이 없이 자연스럽고 타당한 관계를 형성하도록 하는 **논리적 사고력**, 상투적인 틀에서 벗어나 새로운 관점으로 바라보고 사고하는 창의적이고 **발산적**

인 **사고력 등** 논술식 사고의 능력과 태도를 기르는 데 있다. 이러한 사고력은 폭넓은 독서와 자신의 시각으로 세상을 바라볼 수 있도록 하는 자율적인 사고의 훈련을 통해서 가능해진다.

3. 교과서 속 논술 지도

2007년 2월 고시된 2007 개정 교육과정에 의하면 '논술 교육 강화'에 대한 언급이 나오고 있다. 논술 교육은 학교교육과정 및 방과 후 논술 프로그램을 통해 꾸준히 실시되어 왔으나 통합형 논술고사 실시 등으로 학교교육과정에서 구체적인 논술 관련 단원이 미비하다는 지적을 받아 초등학교에서는 국어과를 중심으로 논술 관련 내용을 강화하고 사회, 과학, 도덕 등 논술 지도가 가능한 교과에서 논술 관련 학습요소 및 평가 내용을 추가 설정하여 논술 지도 방안을 강구하라고 되어 있다.

제7차 초등학교 국어과 교육과정에는 직접적으로 논술 쓰기를 독립적으로 기술하고 있는 부분은 없다. 교육과정에 명시되어 나타나 있지는 않지만 교육과정과 교과서에서 관련 내용을 찾을 수 있다.

위의 논술교육의 목표와 관련하여 논술에서 요구하는 능력은 첫째, '독해 능력'으로 문제에 대한 이해력을 요구한다. 주어진 논제와 제시문을 파악하고 분석하는 능력은 학문 활동을 하는 데 가장 기본적인 능력이다. 둘째, '비판적·창의적 사고력'이다. 읽은 내용을 자신의 문제와 관련하여 자기만의 독자적인 생각을 펼칠 수 있는 능력을 말한다. 셋째는 '논증적 표현'이다. 이것은 문제를 이해하고 자기만의

해법을 가지고 다른 사람을 설득해 내는 능력이다. 따라서 논술을 잘
하려면 생각을 풍성하게 하는 힘, 조리 있게 하는 힘이 먼저 갖추어
져 있어야 한다.

논술능력 함양을 위한 논술 지도요소를 국어 교과서를 분석한 예
를 보면 다음 표와 같다.

2-1 국어 교과서의 논술관련 내용 분석(부분)

영역	마당	교육과정 내용	대단원 학습 목표	논술능력 및 지도요소	
말듣	셋째-2	【문3】 재미있는 말이나 반복되는 말을 넣어 글을 쓴다.	• 흉내 내는 말을 넣어 이야기를 꾸며 쓸 수 있다.	표현력	문맥에 따른 의미구성하기
읽기	첫째-1	【읽5】 바른 자세로 책을 읽는 태도를 지닌다.	• 이야기를 읽고 느낌이나 생각을 친구들과 주고받을 수 있다.	사고력	비판적 독서하기
	둘째-2	【읽5】 대강의 내용을 파악하며 읽는다.	• 이야기를 읽고 내용을 정리할 수 있다.	독해력	요약하기
쓰기	넷째-1	【쓰3】 읽는 사람의 흥미를 끌 수 있는 내용을 선정하여 글을 쓴다.	• 읽을 사람을 생각하여 내 생각을 글로 쓸 수 있다.	사고력	창의적 대안 찾기
	다섯째-1	【문2】 이어질 내용을 상상한다.	• 이야기를 읽고 이어질 내용을 꾸며 쓸 수 있다.	표현력	단락 쓰기

4. 가정에서 실력 키우는 초등논술

대학 입시에서 논술의 비중이 높아지면서 중고생은 물론 초등생까
지 논술 공부에 여념이 없다. 더욱이 글쓰기 실력은 하루아침에 쌓이
는 것이 아니기 때문에 많은 학부모들이 조기교육의 필요성을 느끼
고 있다.

부모들은 자녀에게 직접 글쓰기 교육을 시키기 막막하다 보니 사교육에 의존하는 경우가 많다. 하지만 몇 가지 습관만 실천하면 부모가 집에서 아이의 논술 기초를 튼튼하게 쌓아 줄 수 있다.

가. 다양한 생활 체험하기

다양한 경험을 토대로 배경지식을 활성화하여 글을 씀으로써 글의 내용이 풍부하고 다양하게 한다. 논술 지도는 글쓰기의 형식적인 틀을 가르치기에 앞서 주어진 논제에 대하여 자신의 생활 체험과 관련지어 다양한 사고를 할 수 있도록 유도해 주는 방향으로 이루어져야 한다.

나. 생각하며 읽기

아는 것이 있어야 표현도 할 수 있는 법이므로 독서는 좋은 글쓰기를 위한 기본이다. 논술을 잘하려면 책을 꼼꼼히 읽어야 하는데 정독을 하면 책 내용을 더 잘 이해할 수 있기 때문이다. 제대로 된 읽기란, 책 속의 내용과 자기의 배경지식을 관련시키면서, 어떤 내용인지, 그것을 통해 담아내고 있는 지은이의 생각은 무엇인지, 그것에 대한 내 생각은 어떤지, 다른 생각들은 어떤 것이 있을지 상상하고 비교하며 읽는 것이다. 그래야 구체적으로 상상할 수 있을 뿐만 아니라 생각하는 힘, 판단력과 비판력도 길러진다.

다. 다양한 자료 읽기

논술은 사고력이 풍부해야 잘할 수 있고, 사고력이 풍부해지려면 독서를 많이 해야 한다. 논술에서의 읽기는 현실 읽기이므로 내 주변과 세상에 관심을 갖는다. 문학이나 철학, 교양서적 외에도 신문이나 잡지 등의 필요한 부분을 읽는 것까지 포함한다. 세상 모든 것을 다 경험한다는 것은 불가능하므로 독서를 통해 간접경험을 해 보고, 더불어 신문과 텔레비전, 영화와 애니메이션, 직접 경험 등으로 현실을 바로 보고 문제의식을 갖는 연습을 하는 것이 좋다.

라. 국어 교과서 많이 읽기

부모가 아이에게 말하고 표현하는 습관은 심어 줄 수 있지만 구체적인 독서 분량과 범위를 정해 주는 것은 쉽지 않다. 이를 돕기 위해 초등학생의 눈높이에 맞는 다양한 읽을거리가 수록되어 있는 국어 교과서를 많이 읽는 것이 좋다. 국어 교과서는 교육과정 전문가가 좋은 글을 엄선하여 실었기 때문에 어느 책보다도 우수하다. 논술을 학교 밖에서 찾지 말고, 특히 읽기 교과서를 중심으로 다양한 글의 종류를 반복하여 읽어 본다면 논술 능력 향상에 많은 도움이 될 것이다.

마. 의문을 가져보기

글을 쓰는 데 앞서 생각의 과정을 먼저 거치는 훈련을 가져야 보다 깊이 있고 설득력 있는 글이 나온다. 일상생활에서 이해되지 않는 문제를 그냥 받아들이지 않고 왜 그런지 그 까닭에 대한 의문을 가지고 모르는 사항이 있다면 그것을 알아보기 위해 다른 자료들을 조사하는 활동도 논술 공부인 것이다. 이렇게 의문점을 해결하는 과정에서 깊이 있게 생각하는 습관을 가지게 되는 것이다.

바. 대화로 논리력 키우기

부모는 아이들이 가장 친숙하고 편안하게 이야기할 수 있는 상대이므로 아이와 대화하는 폭을 넓혀 수시로 토론하는 습관을 들여 보는 것이 좋다. 아이가 책을 읽고 나면 편안하게 자기 생각을 표현하는 습관을 들이도록 하는데, 이때 부모의 역할은 아이가 책의 내용을 제대로 이해했는지 물어보거나 줄거리를 간략하게 말해 보도록 하는 것이다.

과학 관련 책 등에는 다소 어려운 내용이 있을 수도 있으므로 부모가 책의 내용을 체크해 아이가 정확하게 이해하도록 돕는 것도 중요하다. 부모와 아이가 함께 책을 읽고 서로의 생각과 느낀 점에 대해 말해 보는 것도 좋다. 아이에게 "왜 그렇게 생각하니?", "네가 주인공이라면 어떻게 했을까" 등의 질문을 던져 아이 스스로 인과관계를 따지고 자신의 생각을 전달하는 능력을 길러 주어야 한다.

대화할 때 주의할 점은 부모와 아이가 적당한 거리를 유지해야 한다는 점인데, 부모의 생각이나 의견을 아이가 일방적으로 받아들이면 스스로 생각하는 능력을 기를 수 없기 때문이다. 따라서 토론할 때만큼은 서로 존댓말을 쓰는 것도 좋은 방법이다. 대화와 토론을 통해서 상대방의 생각이나 입장을 이해하고 설득과 수용방법을 배우게 된다.

사. 많이 쓰기

책을 읽으면 꼭 독서 감상문을 써야 한다는 부담을 가질 필요는 없다. 줄거리와 느낀 점을 나열하는 방식의 독서 감상문은 오히려 논술에 대한 거부감을 키울 수 있다.

논리력을 요구하는 글을 잘 쓰기 위해서는 먼저 글 쓰는 것에 흥미를 느끼고 익숙해지는 것이 중요하다. 편지나 시처럼 다양한 형식으로 느낌을 표현함으로써 아이가 글 쓰는 것에 흥미를 가질 수 있도록 돕는 것이 좋다. 주인공이나 작가에게 편지를 쓰거나, 특히 인상 깊었던 대목을 시로 표현하게 하는 방법을 다채롭게 활용해 볼 수 있다.

줄거리를 소재로 만화나 그림을 그리게 해 보는 것도 좋다. 그림을 그리면서 머릿속에만 있던 생각을 구체적으로 형상화할 수 있고 표현력과 창의력도 기를 수 있다. 마인드맵 원리처럼 그림을 그리면서 꼬리에 꼬리를 물고 이어지는 생각을 정리할 수 있고, 이는 글을 쓸 때 다양한 소재와 관점을 찾아내는 데 도움이 된다.

논술은 학생 자신의 생각을 논리적인 구성에 맞게 적절히 표현해야 하는 것이므로 표현 능력을 신장시키기 위해서는 글의 형식에 구애받지 않고 자신의 생각의 의견을 일기, 독서노트 쓰기 등 자유롭게 꾸준히 글을 써 보는 기회를 제공하는 것이 효과적이다.

아. 우리 집 작은 도서관

집안의 일정한 공간을 이용한 가정 도서관을 꾸미는 것도 독서 동기 유발에 많은 도움이 된다. 가족들이 책을 읽을 수 있는 환경을 조성하기 위해서 집 안의 책을 일정한 자리에 모두 모아 정리한다. 그 공간에 어울리는 도서관의 이름을 짓고, 도서관에 어울리는 환경을 조성하고, 사진이나 표어도 붙여서 도서관 같은 분위기를 연출하면 책을 읽고 싶은 느낌이 더 생길 수 있다. 거실의 텔레비전을 치우는 용기도 필요하지만 그것이 쉽지 않다면 자녀의 방이나 거실을 이런 분위기로 꾸며 주는 것도 좋다.

5. 가정에서의 독서교육 지침

(1) 책 읽는 것을 즐기도록 합니다

독서는 의무감이나 책임감으로 하면 참된 기쁨을 잃어버리게 됩니다. 책 읽는 것을 다른 놀이보다도 더 즐거워할 수 있게 되려면, 책과 사귀며 얻는 참된 '앎의 희열'을 지속적으로 체험해야 합니다.

▷ 개인의 발달 수준을 고려하여 알맞은 책을 읽도록 합니다.

▷ 개인의 흥미와 관심을 채워 주는 책을 스스로 골라 읽도록 합니다.

▷ 때와 상황에 알맞은 것을 읽도록 합니다.

▷ 자녀가 책을 읽을 때, 부모가 그것을 알고 있으며 그 모습을 흐뭇해한다는 것을 자연스럽게 표시합니다.

▷ 책의 내용을 자연스럽게 이야기할 수 있는 기회를 줍니다.

▷ 책을 많이 읽는 사람들과 만날 수 있는 기회를 자주 갖도록 합니다.

(2) 독서를 위해서는 좋은 환경의 조성이 필요합니다

독서 습관의 형성과 발달을 위해서도 가정의 분위기와 주변의 여건을 조성해 주어야 합니다. 외부의 방해 없이 자녀들이 독서하는 기쁨을 마음껏 누릴 수 있는 물리적·심리적·사회 문화적 조건들을 갖추어 주어야 합니다.

▷ 자녀가 책을 읽을 때에는 집안의 분위기를 조용하고 차분하게 해 줍니다.

▷ 자녀가 책을 읽을 때에는 말을 시키지 않습니다.

▷ 자녀가 책을 읽을 때에는 심부름을 시키지 않습니다.

▷ 자녀가 책을 읽을 때에는 텔레비전이나 라디오를 크게 틀지 않습니다.

▷ 될 수 있는 대로 책상과 책장을 마련해 줍니다.

▷ 외부로부터 방해받지 않고 책을 읽을 수 있는 시간과 장소를 마련해 줍니다.

▷ 여러 가지 유혹을 물리치고 독서에 몰두할 수 있도록 격려해 줍니다.

(3) 책은 여러 가지를 골고루 읽혀야 합니다

편파적인 독서는 균형 있는 정신의 발달을 저해합니다. 사고도 특정 방향으로만 진행되면 그 방향이 비대해지고 다른 방향의 사고가 위축됩니다. 또 독서가 줄 수 있는 다양한 즐거움과 유익함을 누릴 수 없게 된다는 점에서도 다양한 종류의 책을 읽혀야 합니다. 정보의 홍수 속에서 적응하고 새로운 아이디어를 채취할 수 있는 재원을 풍부하게 가지고 있는 사람만이 바르게 살아갈 수 있습니다.

편식 독서는 좋지 않은 결과를 가져올 수도 있습니다. 동화만을 지나치게 많이 읽은 아이는 커서도 여전히 비현실적인 사고를 많이 함으로써 현실에 적응하지 못하는 경우가 있습니다. 범죄자들은 유년기에 선정적이거나 폭력적인 책을 다른 이들보다 많이 읽었다고 합니다.

(4) 책 읽기에도 계획이 필요합니다

독서교육은 자녀의 상황과 처지에 맞는 계획을 세우는 것으로부터 시작합니다. 독서 계획은 닥치는 대로, 목적 없이 행해지기 쉬운 독서를 극복하게 해 줍니다. 독서 계획에는 자녀의 연령과 발달을 고려하여 세우는 커다란 계획은 물론, 책 한 권을 읽을 때 하루 얼마만큼의 시간을 어떻게 내서 읽을지에 대해서 생각해 보는 작은 계획도 포함됩니다.

▷ 부모가 자녀의 발달 수준에 따라 무엇을 읽혀야 하는지를 먼저 알아 둡니다.

▷ 자녀와 서점에 동행하여 여러 영역의 책이 있다는 사실을 알려 줍니다.

▷ 자녀가 읽고 싶어 하는 책의 순서를 함께 정합니다. 이때 부모는 여러 종류의 책을 읽을 수 있도록 지도합니다.

▷ 일 단위, 주 단위, 월 단위, 연 단위, 학년별로 읽어야 할 책의 양과 종류를 결정합니다.

(5) 책 읽기 전에 제목이나 목차를 보면서 책의 방향을 알려 줍니다

책의 제목과 목차는 항해사의 항해도와 같습니다. 책을 읽기 전에 책의 제목이나 목차를 보면서 책의 방향과 내용을 짐작하고 어떤 방법으로 읽을지에 대해서도 생각해 보도록 합니다.

▷ 그 책이 어떤 종류의 글인지 이해하게 합니다.

▷ 산만한 자녀일 경우, 자녀가 그 책에 관심을 모을 수 있도록 부모가 책의 방향에 대해서 가볍게 확인해 줍니다.

▷ 책의 제목과 목차를 보고 그 내용에 대해 상상해 보도록 합니다.

▷ 내용에 따라 차근차근 깊이 읽을 책인지 속독을 할 책인지, 몇 가지 아이디어만 얻을 책인지를 구별하도록 합니다.

▷ 책을 읽어 가면서 책의 실제 내용과 기대했던 내용을 비교하며 읽게 합니다.

(6) 책을 읽을 때 묻고 답하며 읽는 습관을 길러 줍니다

책의 내용을 그대로 받아들이기보다 책의 내용에 대해 끊임없이 의문을 가지고 그 의미를 재해석하는 활동이 중요합니다.

▷ 부모가 자녀에게 책 속의 주인공이 어떤 사람이며 어떤 생각을 하는지와 저자의 주장에 대해 가벼운 분위기로 대화를 합니다.

▷ 자녀에게 책이 독자에게 무엇을 전달하려고 하는지 가볍게 물어봅니다.

▷ 책 속의 주인공의 사고방식이나 저자의 주장에 대해 의문을 갖도록 합니다.

▷ 자녀로 하여금 책 속의 주인공의 사고방식이나 저자의 주장과 자신의 생각이 어떤 점이 같고 어떤 점이 다른지를 생각해 보게 합니다.

(7) 책을 읽은 뒤엔 내용을 되씹어, 생각하는 힘을 길러 줍니다

책과의 대화 이후에도 되새김질하는 시간이 필요합니다. 책 한 권을 다 읽고 그냥 덮어 버리면 책 속에서 알게 된 많은 정보를 잃어버리게 됩니다. 책을 읽고 난 후 전체의 의미나 내용을 자주 되씹어 보는 질문을 주고받는 것은 책을 읽어 얻은 내용을 오랫동안 간직하게 하고 생각하는 힘을 길러 줍니다.

▷ 생각을 이끌어 내는 질문 순서

① 머릿속에 떠오르는 것이 무엇인지 단순히 확인하게 합니다.

② 떠오르는 것을 조합하여 글의 내용을 짐작하게 합니다.

③ 전체 내용에 뒷받침이 되는 세부 사항이나 인물의 특성, 중심 생각을 짐작하게 합니다.

④ 사실과 의견, 현실과 환상, 글의 적절성 등을 판단하게 합니다.

⑤ 전체적인 느낌과 감상을 함께 이야기합니다.

(8) 책 읽는 것을 간단하게나마 메모하도록 합니다

책을 읽는 사람은 많아도 그 책에 있는 필요한 내용을 모두 기억하는 사람은 흔치 않습니다. 책에서 얻은 정보나 경험을 효과적으로 활용하는 사람은 더더욱 드뭅니다. 읽은 책의 내용과 느낀 점을 간략하게 정리해 두고 필요할 때 활용할 수 있는 사람만이 실생활에서 독서의 진가를 발휘할 수 있게 됩니다.

▷ 책 제목, 주인공의 성격, 인상적인 부분 등을 정리하게 합니다.

▷ 책의 내용 이외에 자신이 새롭게 생각하고 느낀 것들도 정리하게 합니다.

① 노트보다는 카드로 정리해 두도록 합니다.

② 요약식보다 주제나 핵심어를 적도록 합니다.

③ 서술식보다는 부담이 되지 않는 메모식으로 정리하도록 합니다.

(9) 이제 읽은 것을 일상생활에 활용하게 합니다

독서를 통해 얻은 감동, 체험, 지식도 마찬가지입니다. 독서를 통한 느낌과 생각을 자신의 생활에 접목시키기 위해서는 일상생활에 적용해 보고 응용하는 것이 필요합니다. 독서 체험의 가치가 생활 속에서 확인될 때 비로소 독서 체험은 자녀의 생활에 밑거름이 되는 것입니다.

▷ 읽은 내용을 창조적으로 표현하기 위해 부모와 자녀가 함께 자유로운 형식으로 글을 쓸 수 있는 공책을 만듭니다.

▷ 자녀와 대화를 할 때 책에서 본 내용이나 단어를 사용하여 격려

해 줍니다.

▷ 자녀가 자신의 생각과 느낌을 말할 때, 그 생각과 느낌을 자녀가 읽은 책의 내용과 관련지어 주도록 합니다.

▷ 작가의 주장과 반대되는 비판적인 견해를 말로 표현하게 하거나 글로 써 보게 합니다.

▷ 서로 다른 견해의 책을 읽었을 때, 그 견해들을 비교해 보도록 합니다.

▷ 책을 읽으면서 생각한 점을 이전의 경험이나 지식에 연결시킵시다.

(10) 살아가면서 생기는 중요한 의문을 푸는 독서로 나아가야 합니다

독서교육의 궁극적인 도달점은 필요를 해결해 줄 수 있는 독서가 되는 것입니다. 삶에서 제시되는 의문을 풀고 문제를 해결하고 정보를 찾아내기 위해 적극적으로 찾아 나서는 독서를 할 수 있는 용기와 추진력을 자녀들에게 길러 줄 때 독서교육은 성공적으로 마무리될 수 있습니다.

※ 서울특별시 교육과학연구원 『자기주도적 학습력을 키우는 독서교육』 일부 발췌 및 인용.

6. 그림책 읽어 주기

읽어 주기는 아동들로 하여금 책을 접하게 하는 가장 유용한 경험이며 읽어주는 것을 들음으로써 아동들이 읽기에 대한 동기를 형성할 수 있도록 하는 적절한 방법입니다. 읽어 주기를 하면 읽기에 열의를 갖게 되어 아동들의 독서 흥미를 고조시키고 수준 높은 문학을 위한 욕구를 계발시켜 줍니다. 책 읽기 시범을 통해 평생 독자가 될 아동들의 가능성을 증가시키는 것입니다.

그림책은 보는 책이 아니라 읽는 책이며, 그림책은 예술성과 문학성이 조화를 이룬 예술 작품입니다. 아동은 그림책의 글을 읽기보다는 그림책의 그림을 읽는 것입니다. 즉 아동은 그림을 통해서 이야기를 읽고 이야기의 영상을 마음속에 그려 나갑니다. 훌륭한 그림이 있는 그림책을 반복적으로 보는 아동은 그렇지 못한 그림책을 늘 보는 아동보다 훨씬 풍부한 세계를 상상하게 됩니다. 좋은 그림은 아동에게 예술적 영상을 제공해 주어 상상력을 풍부하게 하고 영상의 질이 낮은 그림은 오히려 아동의 상상력을 제한시키고 자유로운 이미지를 그리는 능력을 손상시킬 수도 있습니다. 좋은 그림은 그림 자체가 아동과 상호작용을 하며, 아동 개개인의 개인적 반응을 격려하는 힘을 가지고 있습니다. 좋은 그림은 그림 자체가 독자에게 이야기를 들려주기도 하며 또한 제2의 이야기를 이끌어 낼 수 있습니다.

가. 좋은 그림책 고르기

좋은 그림책은 어떤 것인가? 그것은 문학성과 예술이 조화를 이룬 것이다. 즉 글과 그림이 모두 훌륭한 작품이어야 하며 둘은 조화를 이루어야 한다. 좋은 그림책이란 그림이 생명력이 있고 이야기가 담겨 있으며, 이야기의 구석구석을 세밀하게 묘사하며 아동의 입장에서 그린 그림이 있는 책이라고 한다. 여러 학자가 제시하는 좋은 그림책 선정기준을 종합하면 다음과 같다.

① 그림만으로 이야기의 흐름이 자연스러운가?

② 내용과 어울리는 소재나 기법으로 표현된 그림인가?

③ 시각예술로서의 미적 가치가 있는가?

④ 구체적이고, 간결한 문학성을 갖춘 글로 표현되어 있는가?

⑤ 어린이의 세계를 담고 있는 그림책의 경우, 공감대를 형성하여 재미를 더해 줄 수 있도록 그들의 마음이 아이들 입장에서 잘 표현되어 있는가?

⑥ 단편적 지식전달만이 먼저가 아니라 가치관 형성에 도움을 주는 책인가?

⑦ 주제가 분명하고 그것이 이야기 속에 자연스럽게 녹아 있는가?

⑧ 책 크기와 모양, 글자 모양과 배치, 표지, 면지, 속표지 등이 전체적으로 조화로운가?

⑨ 작가를 비롯한 그림책을 만든 이들의 정신이 느껴지는가?

⑩ 그 나라의 문화와 정서를 어떻게 반영하고 있는가? 그것이 우리에게 던지는 느낌과 의미는 무엇인가?

나. 그림책을 읽어 주는 과정에서의 어머니의 역할

그림책의 가치를 최종적으로 결정짓는 사람은 그것을 읽어 주는 사람이기 때문에 어머니가 어떻게 읽어 주느냐에 따라 그림책의 가치가 달라진다. 아동에게 그림책을 읽어 주는 과정에서의 역할은 다음과 같이 설명할 수 있다.

첫째, 어머니 스스로가 이야기에 공감하면서 즐겁게 읽어 주어야 한다. 읽어 주는 이의 마음상태는 목소리나 표정, 몸짓 등 다양한 모습으로 듣는 아동들에게 전달되는 것이므로 먼저 어머니가 읽어 주는 책에 대해 충분히 즐거움을 느껴야 듣는 아동들에게서도 풍부하고 다양한 반응이 나올 수 있는 것이다.

둘째, 어머니는 아동들의 이야기를 주의 깊게 경청하고 다양한 반응을 격려해야 한다. 자녀의 이야기를 수용하고 그들의 반응에 귀 기울이며 자유스러운 분위기 속에 자신의 느낌을 얘기할 수 있는 분위기를 조성하여야 한다. 또한 같은 내용에 대해서도 사람마다 서로 다른 반응을 보일 수 있다는 사실을 알려 주어 자신의 반응이 갖는 가치와 중요성을 깨닫도록 하여야 한다.

셋째, 자녀가 작품에 대해 충분한 상호작용을 할 수 있도록 분위기를 조성하고 격려해 주어야 한다. 이때 어머니의 관심을 반영하는 질문을 하여 다양한 생각과 느낌을 갖도록 해 준다. 정답을 이끌어 내기 위한 것이 아니라 아동의 사고력을 높일 수 있는 질문을 통해 더 깊게 생각하도록 도우며, 새로운 지식 획득과 높은 수준의 참여를 촉진할 수 있다.

넷째, 활동의 전 과정이 자연스러워야 한다. 어머니가 그림책의 내용을 제대로 이해했는지를 일일이 확인하고 세밀하게 분석하면서 읽었는지를 확인하는 질문은 하지 말아야 한다. 딱딱한 분위기 속에서의 읽기는 스스로 흥미를 느끼고 조절하는 것을 방해하여 독서의 즐거움을 느낄 수 없게 할 뿐만 아니라 다시 책을 읽고 싶지 않게 만들수도 있다. 이야기를 듣는 동안 즐거움을 경험하고 그림책이 주는 여운을 느끼며 느낌을 서로 나누는 것으로 충분하다.

7. 독서 - 논술 - 토론

독서논술이란 책을 읽는 행위를 바탕으로 자기의 생각과 느낌을 논리적으로 표현하는 글쓰기라 할 수 있습니다. 책은 지식의 보고라고 할 만큼 많은 지식을 가지고 있기도 하지만, 무엇보다 다른 사람들의 삶과 경험이 모두 들어 있기 때문에 그 가치가 더 귀중하다고 할 수 있지요. 그래서 독서란 단순히 지식의 폭을 넓힐 수 있는 것만이 아닌, 삶의 다양한 경험과 지혜를 쌓을 수 있는 것입니다.

그렇다면 단지 책만 많이 읽으면 삶의 많은 것들을 습득할 수 있는 것일까요? 그것을 자신의 것으로 내면화하는 과정이 없다면 진정한 자신의 것이 될 수 없을 것입니다. 그래서 논술이라는 과정이 필요합니다. 논술과정을 통해서 책의 내용을 정리하고 이해하고 여러 가지 심화적인 생각들을 하므로 참 지식을 습득할 수 있게 됩니다.

가. 독서 토론은 논술의 밑거름

논술은 독서 활동과 토론을 충분히 연습한 바탕 위에서 서서히 준비하는 것이 바람직하다고 할 수 있다. 토론은 혼자서 하는 책 읽기를 통해 가질 수 있는 편견이나 나만의 좁은 생각에서 다른 사람의 다양한 생각을 들을 수 있는 좋은 기회인 만큼, 토론을 통해 대화를 나누는 것이 중요하다. 공통된 주제와 주제에 대해 생각의 눈높이가 서로 다른 것을 토론을 통해 확인하는 것이다. 토론이 익숙해지면 글쓰기로 시작하는 것이 좋은데 논술은 주제에 대하여 생각하는 깊이가 깊어져야 가능하기 때문이다.

토론학습은 서로 자신의 의견을 이야기하는 과정을 통하여 적극적으로 수업에 참여할 수 있다는 점에서 바람직하며, 다른 사람의 의견이 타당한지 아닌지를 판단하는 과정에서 비판하는 힘도 기를 수 있다. 토론을 하면서 사람들은 자신의 의견을 이야기하고, 또한 상대방의 의견 중에서 좋은 의견은 받아들여 생각의 폭을 넓히고 보다 나은 해결 방법을 찾게 되는 것이다.

일반적인 토론 주제로 '가정에서 TV를 얼마나 보면 좋을까?', '컴퓨터게임을 얼마나 하면 좋을까?' 또는 친구 간의 문제, 공부와 관련되는 문제 등을 정하여 토론할 수도 있다.

논술의 종류에는 제시된 문제 상황을 통하여 주어진 문제를 해결하는 문제 제시형과 대립된 견해 중 하나를 선택하는 찬반 대립형, 제시된 지문을 분석하고 자신의 입장과 다른 입장을 정리하는 독해형이 있다. 다음은 독서를 통하여 생각거리를 찾아본 다양한 논제의 예이다.

📖 『내 다리는 휠체어』(주니어 김영사) - 안경을 쓴 사람은 장애인인가, 아닌가?

📖 『꼬물꼬물 과학 이야기』(뜨인돌) - 지구를 살리는 데 과학은 어떤 역할을 할 수 있나?

📖 『열두 살에 부자가 된 키라』(을파소) - 사람들은 왜 모두 부자가 되고 싶어 하는가?

📖 『나와 조금 다를 뿐이야』(푸른책들) - 장애인은 누구와 함께

살아야 하나?

📖『만년 샤쓰』(길벗어린이) - 불쌍한 사람은 왜 도와야 하는가?

📖『똥벼락』(사계절) - 더러운 똥이 왜 농사짓는 사람에게는 도움이 될까?

생각의 힘을 기르기 위한 또 다른 방법으로 생각을 새롭게 뒤집어 보는 연습을 할 수도 있다. 다음과 같이 흔히 알고 있는 이야기를 현대사회에서의 관점을 새롭게 해석해서 토론주제로 정할 수도 있다.

📖『심청전』 - 눈먼 아버지의 눈을 뜨게 하기 위해 자기 목숨을 바치는 '심청이'를 과연 진정한 효녀라고 할 수 있을까?

📖『흥부와 놀부』 - 현대사회에서 새로이 해석해 보면 둘 중 누가 더 잘 살아남을 수 있을까?

📖『개미와 베짱이』 - 열심히 노래를 부른 베짱이는 자신의 재능을 살려 누군가에게 어떻게 도움이 될 수 있을 것인가?

📖『가시고기』 - 아버지는 자신의 병도 있으면서 눈을 팔아서라도 자식의 병원비를 마련하려는 것은 진정한 부모님의 사랑인가?

나. 독서 토론의 예

『심청전』 이야기에서 심청의 행동에 대한 두 가지 의견이 엇갈리는 관점을 제시하고, 동의하는 의견에 대하여 자기주장이 옳음을 밝혀 나가는 형식의 토론을 펼칠 수 있습니다.

<『심청전』을 읽고, '심청이는 진정한 효녀인가?'에 대한 토론의 예>

친구1: ○○야, 책 읽고 있었구나. 무슨 책을 읽는 중이니?

친구2: 응, 심청전을 읽고 있었어.

친구1: 난 1학년 때 읽었었는데……

친구2: 나도 어렸을 때 읽어 보았는데, 요즘에 다시 읽어 보니 새로운 생각이 들더라.

친구1: 그래, 무슨 생각?

친구2: '심청이처럼 목숨을 던져야만 진정한 효녀인가'라는 생각이 들었지.

친구1: 그러면 심청이가 효녀가 아니란 말이니?

친구2: 물론 부모님을 위해서 목숨까지 바쳤다는 것은 효성스러운 행동이지만 다른 측면에서 생각해 보면 그런 방법이 반드시 효도는 아니라고 생각해.

친구1: '효녀심청'이란 말도 있듯이 누구나 심청이는 효녀라고 생각해 왔는데 효도한 것이 아니라는 것을 어떻게 증명할 수 있니?

친구2: 심청이는 효를 인당수에 빠져 죽는 방법으로 해야만 했을까? 자기가 팔려 가서 인당수에 목숨을 던지는 것이 어떻게 효라고 할 수 있겠니?

친구1: 심청이는 그럴 수밖에 없었을 것 같아. 가난한 살림에 공양미 삼백 석이란 큰 재물을 어떻게 구할 수 있었겠니?

친구2: 공양미 삼백 석으로 눈을 뜨게 된다지만, 다른 방법으로 구할 수도 있지 않을까? 남의 집 일을 해 준다든지 하는 방법 말이야.

친구1: 삼백 석이란 쌀은 그 시대에는 심청이의 힘으로는 구할 수 없는 너무 엄청난 재물이라 불가능했을 것 같은데…….

친구2: 죽음보다 효를 위한 다른 방법도 있었을 것 같아. 아버지가 심청이의 덕으로 눈을 떴더라도 자신 때문에 딸을 잃은 심 봉사의 괴로움은 생각만 해도 슬픈 일이야. 무슨 일이 있더라도 곁에서 아버지를 보살펴 드려야 한다고 생각해.

친구1: 심청이는 아버지의 눈을 뜨게 하기 위해서라면 어떤 일도 할 수 있다고 생각한 효성스러운 그 깊은 마음이 진정한 효도라고 생각해.

친구2: 눈은 불편하지만 곁에서 잘 모시는 것도 효가 아닐까? 옛말에 부모님 앞에서 먼저 죽는 것은 가장 큰 불효라고 했잖아. 부모님이 물려준 생명이기에 더욱 목숨은 귀중하니까 심청이처럼 목숨을 던지는 경솔한 행동으로 효를 해서는 안 된다고 생각해.

친구1: 그러면 어떻게 하는 것이 부모님의 마음을 편하게 해 드리는 것이고 참된 효도가 되는 것일까?

영화로 만나는 독서논술 이야기

〈실전 맛보기〉 2000년 시행 이화여대 논술 모의고사 문제 (인문·자연 계열 공통)

〈문제〉 정의로움은 사회와 시대의 차이를 초월한 인간 덕목으로 높이 평가된다. 그러나 '인간은 왜 정의로워야 하는가'에 대해서는 의견이 분분하다. 다음의 제시문은 정의로움의 자체적 가치에 대해 회의적 주장을 담고 있다. 이 주장의 타당성 여부를 검토하고, 정의로움의 가치에 대한 자신의 견해를 논술하시오.

〈제시문〉 전설에 의하면 귀고스(Gygos)는 양치기로서 리디아 왕을 섬기고 있었습니다. 그가 양들에게 풀을 먹이고 있는데, 하루는 폭우가 내리고 지진이 일어나 땅이 온통 갈라졌습니다. 그리하여 양들이 풀을 뜯고 있던 곳에 큰 구멍이 뚫렸습니다. 그는 이것을 보자 깜짝 놀라 그 구멍 속으로 들어갔는데, 거기서 여러 가지 신기한 광경을 목격하게 되었습니다.

특히 눈에 뜨인 것은 청동으로 된 말이었습니다. 그 말은 안이 비어 있고 작은 창문이 달려 있었습니다. 귀고스가 몸을 굽혀 그 창을 들여다보았더니, 거기에는 엄청나게 키가 큰 사람의 시체가 놓여 있었습니다. 그 시체는 손에 금가락지를 끼고 있을 뿐 몸에는 아무것도 걸치지 않았다고 합니다. 그는 이 금가락지를 빼 가지고 그 구멍에서 나왔습니다.

그 후에 달마다 있는 양치기들의 모임에서 양치기들은 왕에게 양떼들의 현황을 보고하게 되었습니다. 귀고스도 다른 양치기들과 함께 이 모임에 참석하였습니다. 그는 손가락에 그 가락지를 끼고 다른 양치기들과 함께 앉아 있다가 무심코 가락지의 구슬이 자신을 향하도록 돌렸습니다. 그러자 갑자기 그의 모습이 남의 눈에 보이지 않게 되었습니다. 옆에 앉아 있던 친구들은 귀고스가 어디로 갔는지 보이지 않는다고 하면서 두리번거리는 것이었습니다. 그는 깜짝 놀라 그 가락지의 구슬을 다시 바깥쪽으로 향하도록 돌려 보았더니 그의 모습이 다시 나타나게 되었습니다.

그는 가락지에 과연 그런 능력이 있는가를 다시 시험해 보았습니다. 결과는 역시 마찬가지였습니다. 구슬을 안쪽으로 돌리면 자기 모습이 남의 눈에 뜨이지 않게 되고, 바깥쪽으로 돌리면 자기 모습이 드러나는 것이었습니다. 그는 이러한 사실을 확인하고 나서, 왕에게 보고하러 가는 사자(使者)의 한 사람으로서 자기도 함께 참가하도록 일을 꾸몄습니다. 궁성에 도착한 그는 우선 왕비와 정을 통한 후에, 그녀와 공모하여 왕을 죽여 버리고 왕좌에 올랐다는 것입니다.

그런데 여기 그런 가락지가 두 개 있었다면 어떻게 되겠습니까? 하나는 선량한 사람이 끼고 또 하나는 불량한 사람이 끼었다고 합시다. 이때 아무리 마음씨가 착한 사람이라도 강철같이 굳은 지조를 가지고 정의의 편에 서서 남의 물건에 전혀 손을 대지 않을 수 있다고 보장할 수 있을까요? 그런 사람은 아마 한 사람도 없을 것입니다. 시장에 가서 자기가 갖고 싶은 물건을 아무도 모르게 손에 넣을 수도 있고, 어떤 집에든지 들어가 자기 마음에 맞는 사람과 동침할 수도 있으며, 또 죽이고 싶은 자가 있으면 죽일 수도 있고, 결박된 자를 얼마든지 풀어 줄 수도 있을 것입니다. 이 경우에 선량한 사람이건 불량한 사람이건 다 비슷한 행동을 취할 것은 불문가지입니다.

그리하여 사람들은 누구나 자발적으로 정의로운 사람이 되는 것은 아니며, 단지 그렇게 강제될 뿐이라는 것을 알게 될 것입니다. 왜냐하면 부정을 저지르고서도 발각되지 않을 수만 있다면, 인간은 어디서나 불의를 행하게 되니까요. 누구나 불의가 정의보다 자기에게 훨씬 더 이익을 가져다준다고 생각하는 것이 사실임을 알 수 있습니다.

〈유의사항〉

1. 띄어쓰기를 포함하여 1,500자 내외로 서술할 것.
2. 글의 제목은 쓰지 말고 본문부터 시작한 것.
3. 수험번호, 성명 등 자신의 신상에 관련된 사항을 답안지에 드러내지 말 것.
4. 반드시 흑색 연필이나 흑색 볼펜으로 쓸 것.

같은 아프리카 다른 아프리카

<가>의 설명을 <나>에 적용하여 글을 읽어 보자.

<가> 어떤 것이 무슨 의미인지를 물을 때, 우리는 과연 무엇이 궁금할까? 이 경우 우리는 여러 종류의 의미들 가운데 하나를 궁금해하고 있다. 그 가운데 중요한 것은 다음 두 가지이다.

첫째, 어떤 용어의 외연(外延)이나 외연적 의미는 그 용어가 정확히 적용될 수 있는 것들이 전부이다. 예를 들어, '납세자(納稅者)'라는 용어의 외연적 의미는 세금을 내는 사람 전부이다. '도시'라는 용어의 외연은 서울·대전·대구·부산·광주 등의 모두 도시이다.

둘째, 용어의 내포(內包) 또는 내포적 의미는 그 용어가 정확히 적용되기 위하여 사물이 가져야 하는 특징들의 집합이다. 납세자라는 말의 내포적 의미는 '정부에 의해 재정적 부담이나 의무를 부여받고 지불하는 사람'이라고 할 수 있다. 이러한 규정에 적합한 사람은 누구나 납세자라고 할 수 있다. 다른 예를 들면, 심장을 가진 동물과 허파를 가진 동물은 동일한 외연적 의미를 가지고 있다. 왜냐하면 우연히도 두 기관 가운데 하나를 가진 동물은 다른 하나도 가지고 있기 때문이다. 그러나 내포적 의미는 다르다. 왜냐하면 어떤 것이 심장을 가진 동물이기 위해서 가져야 하는 특징은 허파를 가진 동물이기 위해서 가져야 하는 특징과 매우 다르기 때문이다.

<나> 어느 날 저녁녘에 독고 준은 자기 방에서 달이 지난 미국 잡지『애틀랜틱』을 읽고 있었다. 아프리카 특집인 그 호를 읽으면서 준

은 여러 가지 생각을 했다. 거기에는 아프리카 사회의 여러 문제를 다루면서, 아프리카의 조각도 소개하고 있었다. 그리고 그곳 작가의 단편도 실려 있었다. 그중에서도 아프리카 명물인 정글의 짐승들이 점점 수가 줄어 간다는 기사는 아주 착잡한 감정을 자아냈다.

다른 글과 함께 읽어 볼 때, 거기에는 '새 아프리카'가 있었다. 준의 머릿속에 있는 아프리카에서는 대체로 사자와 코끼리가 걸어 다니고 흰 수렵 모자를 쓴 백인 탐험가가 총을 들고 걸어가는 앞뒤로 활과 창을 가진 토인들이 따르고 있었다. 그러나 잡지에 따르면 백인들은 사냥만 한 것도 아니고 토인들도 맨발로 사냥 안내만 하고 있는 것도 아니었다. 그것은 스탠리와 리빙스턴 그리고 슈바이처와 헤밍웨이의 아프리카가 아니고 아프리카인의 아프리카였다. 서구의 문명과 침공을 받고 괴로워하면서, 자기 조종을 하고 있는 역사 있는 전통 사회의 모습이었다. 낡은 것과 새것, 애착과 결의, 해체되어 가는 가족 제도와 도시인의 고독, 전통 종교와 기독교의 사이에서 방황하는 사람들의 사회가 있었다. 준은 어떤 부끄러움을 느꼈다. 그의 머릿속에 있는 아프리카 상(像)은 서양 사람들의 눈에 비친 것이었다. 영화와 소설과 신문이 제공한 그 이미지들은 그렇게 이해성이 없고 무책임한 것이었다.

그러나 아프리카 작가의 손으로 된 짤막한 단편소설에는 사랑이 있었다. 여행자로서는 결코 지닐 수 없는 그 공간에 발붙인 사랑이 있었다. 그 주인공은 다름 아닌 그, 독고 준이었다. 거기에는 대륙과 대륙을 넘어선 공감이 있었다. 아프리카를 다룬 어느 서양 사람의 소설에서도 느끼지 못한 동시대성을 느끼는 것이었다. 여덟 페이지에 실린 아프리카 조각의 사진 곁에는, 피카소의 <댄서>라는 작품을 실어 놓고 놀라운 유사성을 보라고 주(註)를 달고 있다. 피카소가 이 조각을 보았을까? 혹은 우연의 일치일까?

1강 주제, "보이는 것 너머를 보라."

〈슈렉〉

줄거리

늪지에 사는 거구의 괴물 '슈렉', 수다쟁이 당나귀 '동키', 아름다운 엽기 공주 '피오나', 1m도 안 되는 짜리몽땅 '파콰드 영주' 이들이 펼치는 기발하고 엉뚱하고 엽기적인 이야기가 시작된다!

{옛날 옛적에 한 아름다운 공주가 있었습니다. 그러나 그녀에게는 오직 사랑하는 사람의 첫 키스만이 깰 수 있는 저주가 걸려 있었습니다. 그녀는 불을 뿜는 무시무시한 용이 지키는 한 성에 갇혀 있었습니다. 수많은 용감한 기사들이 그녀를 구출하려 했지만, 성공하지 못했습니다. 그녀는 용이 지키는 그 성의 가장 높은 탑 꼭대기에 있는 방에서 '그녀의 사랑'과 '그의 키스'를 기다렸습니다. 히히히~ 그런 일은 절대 없을 것 같은데. 우웩, 이것 봐.}

성 밖 늪지대에 사는 엄청나게 못생기고 무지무지 큰 괴물 슈렉. 지저분한 진흙으로 샤워를 즐기고 동화책은 화장실 휴지 삼아 쓰는 그는 혼자만의 시간을 즐긴다. 그러던 어느 날, 자신만의 고요한 안식처에 백설공주, 신데렐라, 빗자루를 타고 다니는 마녀, 피리 부는 아저씨, 피터팬, 피노키오 등등. 동화 속의 주인공들이 모두 쳐들어온다. 그중에서도 가장 귀찮은 건 쉴 새 없이 떠들어대는 당나귀 동키. 알고 보니 얼굴이 몸의 반을 차지하는 1m도 안 되는 숏다리 파콰드 영주가 동화 속의 주인공들을 다 쫓아낸 것. 결국 슈렉은 파콰드 영주와 담판을 지으러 떠난다. 하지만 일은 이상하게 꼬여 결국 파콰드 영주 대신 불 뿜는 용의 성에 갇힌 피오나 공주를 구하러 떠나게 되는데……9)

네티즌리뷰

슈렉, 그리고 괴물의 사랑이야기 – 배융호

<슈렉 3>가 개봉을 한다. 늪지대에 사는 푸른 괴물의 이야기인 슈렉은 예쁘고 착한 주인공과 나쁘고 못생긴 악당이 나오는 애니메이션의 구조를 흔들어 버린 대표적인 작품이다. 성 밖의 늪지대에 사는 못생기고 힘이 센 괴물 슈렉은 혼자만의 시간을 즐기던 어느 날 자신만의 안식처로 피난 온 피노키오 등 동화 속 주인공들을 맞이하게 된다. 알고 보니 파콰드 영주가 그들을 다 쫓아낸 것이다. 결국 슈렉은 쉴 새 없이 떠들어대는 당나귀 동키와 함께 파콰드 영주와 담판을 지으러 떠난다. 하지만 일이 이상하게 꼬여 왕이 되고 싶어 하는 파콰드 영주 대신 용의 성에 갇힌 피오나 공주를 구하러 가게 되고, 동키와 함께 공주를 구한 슈렉은 당차고 활발한 공주에게 마음이 끌린다. 피오나 공주도 슈렉에게 마음이 끌리지만 오해로 인해 서로 다툰 뒤 파콰드 영주와의 결혼을 결심한다. 영주와의 결혼식 날, 슈렉의 진정한 사랑을 알게 된 피오나 공주는 마법이 풀려 원래의 모습으로 돌아온 뒤 슈렉과 결혼해서 행복하게 산다는 것이 <슈렉 1>의 줄거리

---

9) 출처: 홍성진 영화해설. http://movie.naver.com/movie/bi/mi/basic.nhn?code=31579#story

이며, <슈렉 2>에서는 피오나 공주의 왕국에 가서 고양이의 도움으로 왕의 허락을 받고, 피오나 공주와의 사랑도 굳건히 한다는 내용이다. 이렇게만 본다면 슈렉 역시 다른 애니메이션과 같은 전형적인 권선징악과 해피엔딩이라는 동화적 구성을 그대로 따르고 있는 것처럼 보인다. 하지만, 슈렉은 기존의 동화적 이야기를 두 번 비틀어 주고 있다.

첫째는 <미녀와 야수>식의 신화를 비틀어 주고 있다는 점이다. 미녀와 야수의 주인공은 미녀인 벨이다(벨은 프랑스어로 아름다움이라는 의미이다). 아버지를 구하기 위해 보기 흉한 야수와 결혼을 하지만, 이 이야기는 미녀인 벨을 중심으로 전개된다. 주인공은 항상 멋지고 잘생겨야 한다는 신화를 <미녀와 야수>를 비롯한 대부분의 동화와 드라마는 가지고 있다. 하지만 슈렉의 주인공은 보기 흉한 괴물인 슈렉이다. 물론 아름다운 피오나 공주가 나오긴 하지만 이야기는 어디까지나 슈렉의 이야기이다. 미녀와 야수를 야수의 입장에서 전개한 것이 슈렉이라고 할 수 있다.

둘째는 <미녀와 야수>는 미남과 미녀의 이야기이다. 야수는 결국 벨의 사랑으로 원래의 모습인 멋진 왕자로 변신한다. 그리고 아름다운 벨과 멋진 왕자는 결혼하여 행복하게 살게 된다. 결국 미녀는 야수와 결혼할 수도 없고, 야수와 행복하게 살 수도 없다. 그래서 동화는 야수를 미남으로 만들고 그것이 해피엔딩임을 강조한다. 하지만 슈렉은 괴물과 괴물의 이야기다. 아름다운 공주인 줄 알았던 피오나 공주는 마법이 풀리면서 슈렉처럼 녹색의 뚱뚱한 공주로 변신한다. 피오나 공주는 마법으로 아름답게 변했던 것이다. 그렇다고 해서 슈렉의 사랑이 변했느냐? 천만의 말씀이다. 슈렉은 오히려 자신과 같은 아름답지 않은(?) 피오나 공주를 더욱 사랑하게 되며, 둘은 괴물과 괴물로서의 사랑을 맺게 된다. 괴물도 사랑할 수 있고, 괴물도 결혼할 수 있으며, 괴물과 괴물도 행복할 수 있다는 것이 슈렉의 비틀기이다.

슈렉의 이야기는 괴물 또는 평범하지 않은 외모를 지닌 사람들에 대한 이야기다. 슈렉이 당하는 차별과 무시, 그리고 사람들의 혐오감은 장애인이 당하는 그것과 크게 다르지 않다. 그러기에 슈렉의 비틀기는 범상치 않다. 외모가 아름다운 사람과 아름답지 못한 사람의 결합은 금기시되어 왔다. 마치 백인과 흑인의 결합이 금기시되었던 오래전의 할리우드 영화처럼 장애와 비장애의 결합, 미녀와 야수의 결합은 사람들이 원하는 결말이 아니다. 뮤지컬 <오페라의 유령>을 보더라도 크리스틴은 어려서부터 자신을 지도하고 음악과 노래에 영감을 준 유령보다는 외모가 잘생긴 라울에게 끌리고 결국 그와 사랑에 빠져 유령을 버리고 만다. 사람들은 <오페라의 유령>을 보면서 유령에게 동정심은 갖지만, 크리스틴과 라울의 사랑이 이루어지기를 마음속으로는 소망한다. 슈렉은 바로 그 지점을 비틀고 있다.

하지만 슈렉이 넘지 못한 한계성도 바로 그 슈렉의 비틀기 안에 있다. 괴물인 슈렉은 결국 아름다운 피오나 공주와 살지 못하고, 똑같은 괴물 피오나 공주와 살게 된다. 이것은 미남과 미녀의 만남을 괴물과 괴물의 만남으로 바꾸어 주기는 했지만, 괴물과 미남, 또는 괴물과 미녀의 만남은 역시 이루어질 수 없음을 보여 주는 것이기도 하다. 초록 괴물인 슈렉이 아름다운 피오나 공주와 행복하게 사는 결말보다는 피오나 공주를 초록 괴물로 만들어 괴물끼리 행복하게 살도록 만든 결말을 선택한 것이다. 그리고 그것이 바로 슈렉이 성공할 수 있었던 비결이며, 많은 사람들이 불편하지 않은 마음으로 슈렉을 즐길 수 있었던 요인이다. 우리는 어려서부터 수많은 동화를 통해 착한 공주와 착한 왕자가 행복하게 살고, 멋진 왕자와 아름다운 공주가 행복하게 살아야 한다고 배워 왔으며, 그렇게 알고 있기에 괴물이 공주와 행복하게 산다는 것은 매우 불편한(?) 일이다.

<미녀와 야수>와 <슈렉>은 괴물과 야수를 통해 장애에 대한 사회의 인식을 보여 주고 있다. 그리고 아직 사회는 장애와 비장애가 서로 만나 행복하게 사는 것에 대해 편안히 받아들일 수 없다는 것을 보여 주는 것이기도 하다. 차라리 장애와 장애가 만나 행복하게 사는 것을 더 아름답게 보여 주는 것이 슈렉의 한계이기도 하다. 하지만 <미녀와 야수>에서 한 걸음 나아갔다는 점에서 슈렉은 독특한 애니메이션이며, 흑인과 백인의 사랑이라는 금기가 깨진 것처럼 언젠가는 야수와 미녀, 괴물과 미남의 사랑이라는 금기도 깨질 수 있음을 아주 조금 보여 주고 있는 애니메이션이다.[10]

- 안과 밖
안: 기본 개념
　　여기서의 모습 (　　　　　　　)
밖: 기본 개념
　　여기서의 모습 (　　　　　)
- 동화, 미모, 깨끗, 사랑, 꾸며짐, 황당, 성공, 상(賞), 현실, 추, 더러움, 무관심, 이기주의
- 안에서 밖으로, 밖에서 안으로

---

10) 이 글은 월간 『자유공간』 2007년 5월호에 게재된 글입니다.

- 숭고함(칸트) ① 다양한 암시만이 가능할 뿐 눈으로는 볼 수 없는 무한하고 영원하고 절대적인 어떤 것에 대해서 느끼는 감정 ② 반드시 절망감, 불쾌감, 고통, 두려움과 같은 부정적인 정서들을 통과해서 도달하게 되는 안도감, 쾌적함, 쾌감, 기쁨의 정서
- 파스칼 『팡세』: "무한한 공간의 영원한 침묵이 나를 두렵게 한다."
- 슈렉이 동키에게 별과 달을 보다가 한 말: "왜 사람들은 보이는 것 너머에 또 보아야 할 것이 있다는 것을 알지 못하지?"
- 위반의 통쾌함: 틀 바깥에 나서려는 의지와 그 바깥에서 안의 것들과 맞서려는 정열
- 광고의 오해와 본질
- 무등을 보며(서정주)

가난이야 한낱 남루에 지나지 않는다. / 저 눈부신 햇빛 속에 갈매빛의 등성이를 드러내고 서 있는 / 여름 산 같은 / 우리들의 타고난 살결, 타고난 마음씨까지야 다 가릴 수 있으랴.

청산이 그 무릎 아래 지란을 기르듯 / 우리는 우리 새끼들을 기를 수밖에 없다.

목숨이 가다가다 농울쳐 휘어드는 / 오후의 때가 오거든/ 내외들이여 그대들도 / 더러는 앉고 / 더러는 차라리 그 곁에 누워라.

지어미는 지애비를 물끄러미 우러러보고 / 지애비는 지어미의 이마라도 짚어라.

어느 가시덤불 쑥구렁에 누일지라도 / 우리는 늘 옥돌같이 호젓이 묻혔다고 생각할 일이요 / 청태라도 자욱이 끼일 일인 것이다.

2강 주제, "진정한 소통은 바깥에서 이루어진다."

- 요즘 아이들의 다른 바깥
- 놀이
- 자연

〈집으로〉

줄거리

며칠만 버티면 (집으로……) 개구쟁이 7살. 엄청 연상녀와 귀(?) 막힌 동거를 시작한다.

기차를 타고, 버스를 타고, 먼지 풀풀 날리는 시골길을 한참 걸어, 엄마와 7살 상우가 할머니의 집으로 가고 있다. 형편이 어려워진 상우 엄마는 잠시 상우를 외할머니댁에 맡기기로 한다. 말도 못 하고 글도 못 읽는 외할머니가 혼자 살고 계신 시골 외딴집에 남겨진 상우. 전자오락기와 롤러블레이드의 세상에서 살아온 아이답게 배터리도 팔지 않는 시골가게와 사방이 돌투성이인 시골집 마당과 깜깜한 뒷간은 생애 최초의 시련이다.

하지만 영악한 도시 아이답게 상우는 자신의 욕구불만을 외할머니에게 드러내기 시작한다. 하지만 세상의 모든 외할머니가 그렇듯 짓궂은 상우를 외할머니는 단 한 번도 나무라지 않는다. 같이 보낸 시간이 늘어날수록 상우의 할머니 괴롭히기도 늘어만 간다. 배터리를 사기 위해 잠든 외할머니의 머리에서 은비녀를 훔치고, 양말을 꿰매는 외할머니 옆에서 방구들이 꺼져라 롤러블레이드를 타고……

그러던 어느 날, 프라이드치킨이 먹고 싶은 상우는 온갖 손짓 발짓으로 외할머니에게 닭을 설명하는 데 성공한다. 드디어 커뮤니케이션이 시작되는가 싶지만, 할머니가 장에서 사 온 닭으로 요리한 것은 "물에 빠트린" 닭백숙이었다. 7살 소년과 77세 외할머니의 기막힌 동거는 과연 어떻게 될 것인가.[11]

네티즌리뷰

좀 오래된 영화 한 편을 다시 보았다. 누구도 예상하지 못한 전국 450만 관객을 동원하면서 관객들의 가슴을 울린 영화, <집으로>이다.

낯익은 시골 풍경, 기억에도 새로운 시골 버스와 그 버스 승객들…… 그 버스도 타지 못해서 십 리도 넘는 길을 걸어오는 말 못 하는 할머니, 할머니는 혼자 된 딸이 버려두고 간 외손자에 대한 사랑 때문에 그 거리를 버스도 타지 못하고 걸어가야 한다.

그 할머니의 사랑이 영악하고 고약한 도시 아이의 마음을 움직여 나간다.

할머니가 품고 있는 그 사랑의 깊이는 정말 깊다. 집을 나갔던 딸에게 다 주지 못했던 사랑이 외손주에게 더해져 아이의 그 고약한 횡포까지도 사랑으로 받아 낸다. 그리고 할머니의 사랑은 마침내 그 영악하고 고약한 아이의 가슴을 움직이기 시작한다.

영화는 그런 할머니의 사랑에 대한 표현을 아이가 가지고 놀 오락기의 배터리를 사기 위해 1,000원짜리 지폐를 따로 떼어 놓으려고 그 먼 시골길을 걸어서 오므로 이미 다 보인 듯하다.

---

11) 출처: 홍성진 영화해설, http://movie.naver.com/movie/bi/mi/basic.nhn?code=34324#story

그런데 아이가 할머니의 사랑을 알 즈음 아이는 자신이 다시 떠나야 한다는 엄마의 편지를 받게 된다. 그리고 이제 할머니를 향한 아이의 사랑이 시작된다.

할머니를 떠나야 하는 아이는 그때에야 할머니가 말을 못 하고 글을 모르는 것에 가슴이 아프다.

아이는 그래서 할머니에게 글을 가르치기로 한다. 하지만 아이의 노력에도 불구하고 할머니는 글을 깨우치지 못한다. 아이는 그래서 더 가슴이 아프다.

"할머니, 많이 아프면 그냥 아무것도 쓰지 말고 보내. 그럼 내가 할머니 아픈 줄 알고 빨리 올게. 응?"

아이는 할머니의 바느질 통에 있는 바늘귀에 실을 꿰기 시작한다. 노안으로 보이지 않는 할머니가 혼자서 쓸 바늘을…… 그리고 아이는 할머니의 눈이 어두운 것에 마음이 아프다. 카메라의 앵글을 그런 아이의 아픈 가슴까지를 잡아내어 관객까지 아프게 한다.

헤어짐은 더 아프다.

엄마를 따라 시골을 떠나는 아이는 할머니를 애써 외면한다. 그런데 버스가 시골길을 달리며 내는 먼지들 사이로 할머니의 궤적을 좇아 버스 뒤 창으로 달려가 멀어져 가는 할머니를 가슴에 담는다. 그리고 그 창에 대고 할머니를 향해 수화로 말한다.

"할머니 미안해……(이 수화는 할머니가 아이에게 그동안 여러 번 사용하던 것이다)."

그렇게 헤어짐을 그린 영화는 이제 아이가 그린 그림엽서를 통하여 두 사람의 마음을 볼 수 있도록 유도한다. 영화 <집으로>는 이처럼 아프게 그리운 사람들의 마음이 애절하게 읽히도록 잘 그려진 한

편의 수채화 같은 영화다.

그리고 영화의 마지막에 오르는 자막은 이렇다. "모든 외할머니에게 이 영화를 드립니다."

그런데 나는 이렇게 말하고 싶다. "한때나마 누구의 마음을 아프게 했던 사람이면 지금이라도 이 영화를 보셔야 합니다." 나도 한때는 어머니의 마음을 아프게 했었으므로……12)

- 3가지 바깥
  ①
  ②

3강 주제, "세상과 화해하는 법"

- 현상학적 판단 중지
- 섬세의 정신과 기하학의 정신
- 기하학의 정신: 세상을 향한 원심력의 정신
- 섬세의 정신: 자신을 향한 구심력의 정신

〈굿 윌 헌팅〉

줄거리
그의 생애 처음으로 인생의 등대를 만난다! 두 남자가 열어 가는

---

12) 출처: 블로그 〉 남도사랑

감동의 세상!

월 헌팅(Will Hunting: 맷 데이먼 분)은 20년을 살아오면서 누구의 간섭도 받아 본 적이 없었다. 그러한 그도 결코 우습게 상대하지 못할 인생의 스승을 만나게 된다. 보스턴 남쪽의 빈민 거주 지역에서 살고 있는 노동자계층의 친구들과 마찬가지로 월은 비천한 일을 하며 산다. 월은 MIT 공대에서 교실 바닥 청소 일을 할 때 말곤 대학교 정문 근처에도 가 본 적이 없다. 그러나 노벨상을 수상한 교수들조차 혀를 내두를 만큼 어려운 문제들을 싱거울 정도로 간단하게 풀어 버린다. 그러나 그토록 머리가 비상한 월도 어쩌지 못하는 게 한 가지 있다. 폭행죄로 재판을 받게 된 월은 수감될 위기에서 벗어날 수가 없다. 월의 유일한 희망은 심리학 교수인 숀 맥과이어(Sean McGuire: 로빈 윌리엄스)이다. 숀은 월이 가진 내면의 아픔에 깊은 애정을 갖고 관찰하면서 월에게 인생과 투쟁하기 위해 필요한 지혜를 가르쳐 준다.[13]

네티즌리뷰

굿 윌 헌팅(Good Will Hunting)이란 영화를 보셨습니까? 맷 데이먼이라는 친구가 직접 각본을 쓰고 주연을 맡은 영화입니다. 뛰어난 수학 천재이지만 불운한 가정환경에서 깊은 상처를 입은 채 성장한 월이 어떻게 마음의 문을 열고 진정한 우정을 알게 되는가를 그리고 있는 일종의 휴먼드라마입니다.

이 영화는 배경부터 무척 독특합니다. 보스턴, 하버드나 MIT 같은 대학들이 모여 있는 곳이면서 또한 남부에 빈민가가 존재하는 곳입

---

13) 출처: 홍성진 영화해설. http://movie.naver.com/movie/bi/mi/basic.nhn?code=19079#story

니다. 주인공 윌(Will)은 보스턴 남부 출신의 청년으로 정규교육을 제대로 받지 못했고 아버지의 폭력에 의한 깊은 마음의 상처를 묻어 두고 있는 청년입니다. 그는 MIT에서 청소부로 일하고 있습니다. 어느 날 우연하게 수학과 교수가 학생들에게 풀어 보라고 칠판에 적어 놓은 까다로운 퀴즈를 몰래 풀어 버립니다. 수학과 교수와 학생들은 놀라운 숨은 천재가 누구인가에 대해 궁금해합니다. 수학과 교수 제럴드 램보는 주인공 맷 데이먼을 찾아 나섭니다.

이 영화는 그런 흥미진진한 상황과 함께 몇 가지 점에서 특히 더 관심이 갔습니다. 먼저 영화의 배경이 미국 대학 사회라는 것에서 미국 학계의 모습을 엿볼 수 있다는 점이 흥미로웠습니다. 그리고 윌이 고아라는 환경 속에서 자라온 천재라는 점. 윌의 불운한 성장과정은 그의 마음에 굳건한 성벽을 쌓게 하였고 대단한 피해의식 속에 자아를 보호하게 합니다. 로빈 윌리엄스(극중 심리학과 교수이자 심리치료사)는 이런 윌이 간직하고 있는 깊은 마음의 상처─버림받는 것에 대한 두려움과 이에 대한 방어기제─를 어루만지고 따뜻하게 감싸 줘서 건강한 사랑을 배울 수 있게 해 줍니다. 이런 일련의 과정이 너무도 생생하게 그려져 있다는 점 또한 심리학에 깊은 관심을 갖고 있는 저에게 이 영화가 더욱 각별하게 느껴진 이유였습니다.

영화의 몇 장면을 얘기해 보겠습니다.

It's not your fault.

윌이 "마음의 병"을 치유해 가는 과정이 영화 전반에 걸쳐 생생하게 그려져 있습니다. 하층 노동자인 아버지의 폭력에 시달리고 얼마 지나지 않아 부모 모두를 잃어버리는 큰 고통을 겪으며 성장한 윌. 그는 타인의 애정을 잃어버리는 것에 강한 두려움을 갖습니다. 윌은 버림받는 것에 대한 두려움 때문에 다른 사람이 정말로 자기 안으로 들어오는 것을 허용하지 않습니다. 진심을 줬다가 내팽개쳐지는 것이 두려워 항상 일정 선에서 관계를 닫아 버립니다. 윌은 아버지에 의한 가혹한 폭력과 부모의 사랑을 받고 싶다는 열망 사이에서 스스로를 공격하는 쪽을 택합니다.

윌은 겉으로는 아무렇지도 않은 듯 거칠게 행동하지만 사실은 암울한 성장사를 늘 의식하고 있었습니다. 그런 가정사를 누구와도 나눌 수 없었던 윌은 불운한 환경을 부끄럽게 생각하며 철저하게 감추려 합니다. 윌은 마음의 장벽을 더욱 공고히 합니다. 어느 누구라도 벽 너머 윌의 진정한 아픈 과거를 들여다보려 하면 관계를 끊습니다. 천재 윌의 화려한 언술과 엄청난 지식 뒤편에는 이처럼 두려움에 떨고 있던 연약한 자아가 숨어 있었습니다. 연인 스카일라가 윌의 형제 관계나 가정에 대해서 물었을 때의 대답.

"Well, it's normal. Nothing special." 윌의 이런 면은 연인 스카일라 (Skylar)와의 관계도 오래 지속되지 못하게 합니다. 스카일라는 물려받은 유산으로 유복한 환경 속에 하버드를 다니고 있었습니다. 그녀는 자신의 행운을 별로 좋게 생각하지 않았습니다. 메디컬 스쿨에 진학하기 위해 학부를 공부하고 있던 스카일라는 하버드 바에서 우연히 만난 윌의 천재성에 끌리면서 "그 남자"를 알고자 합니다. 하지만 그것은 "장벽 그 너머"를 도발한 것이었습니다. 윌은 스카일라가 자신의 이상형임을 알면서도 관계를 끊어 버립니다.

저는 그런 생각을 해 봤습니다. 윌이 파괴적인 행동을 하며 극구 지키려 했던 것이 과연 무엇이었을까요. 버림받는 것에 대한 두려움이 사랑마저 포기할 수 있을 정도로 거대한 것일까요? 유복해 보이는 스카일라가 자신의 비참했던 과거를 알고 나면 떠나 버릴 것으로 미리 생각했었던 윌. 그는 버림받기 전에 내가 버리겠다는 선택지를 택합니다.

하지만 스카일라는 "그 남자"를 사랑했기 때문에 "그 남자"의 모든 것을 알고 싶어 했습니다. 너무나 자연스러운 여자의 욕구였습니다. 그것이 그렇게 위협적이었을까요? 윌의 연약하게 떨고 있는 자아는 스스로를 보호하기 위해 스카일라를 외면하게 됩니다.

불행히도 윌은 자신의 문제에 대해서 잘 알고 있었습니다. 수많은 심리학 지식을 동원하며 자기 자신을 설명하고 있었습니다. 그런 윌을 치료하겠다고 덤볐다가 실패한 여러 명의 심리치료사들의 모습에서 우리는 이론적으로만 아름다운 이론의 쓸쓸한 모습을 보게 됩니다.

이들과 달리 "Trust"를 강조하던 로빈 윌리엄스.

그는 요란하고 요사스러운 심리학 이론이 중요한 것이 아니라 내담자와 상담자가 맺는 바로 그 "신뢰"만이 내담자 마음의 문을 열게 한다는 것을 믿었습니다.

그는 윌의 천재성이 심리적인 문제 때문에 파괴적으로 스스로를 공격하는 것에 너무나 안타까워합니다. 더구나 그 자신, 윌과 출신 배경이 똑같았기 때문에 어렸을 때 당했던 폭행의 경험이나 파탄 난 가정이 어떤 마음의 상처를 안겨 주는지를 잘 알고 있었습니다. 로빈 윌리엄스는 윌의 상처를 보듬어 안고 진정한 "친구(soul mate)"가 되어 주고자 합니다. 윌의 천재성을 이용하는 데만 관심이 있는 제럴드 램보 교수의 섣부른 성급함으로부터 윌을 지키기 위해 옛 동창과의 욕설 섞인 싸움마저 마다하지 않습니다.

로빈 윌리엄스 관점에서 인생의 성공은 다른 사람들이 알아주는 것을 얻는 것이 아니라 바로 자기가 진정으로 원하는 것을 할 수 있는 것이었습니다. 그는 윌이 진정으로 원하는 것을 스스로 찾아내고 추구해 가기를 바랐습니다. 천재 윌 이전에, 한 인간으로서의 윌의 행복에 관심을 갖고 있었습니다. 로빈 윌리엄스는 윌에게 묻습니다.

"What do you want? What wind your clock?"

그런 마음으로 윌에게 다가서는 로빈 윌리엄스를 윌은 또 한 명의 시답잖은 심리치료사로 여기며 농락하려 듭니다. 윌은 로빈 윌리엄스 방에서 그가 그린 그림을 봅니다. 로빈은 자기 자신보다 더 사랑하던 아내를 병으로 잃은 뒤 죽은 아내를 깊게 그리워하며 세상에서 한 발짝 비켜서서 살아가고 있었습니다. 자신의 심경을 폭풍우 한복판에서 조각배를 타고 가는 모습으로 그렸던 그 그림.

윌은 그림의 의미를 즉시 깨닫고 현란한 "지식"을 동원해서 로빈 윌리엄스의 마음을 무차별적으로 노출시켜 버립니다. "가슴"이 아닌 "머리"로 사람의 마음을 읽을 수 있다고 믿으면서 제멋대로 떠들어대어서 한 사람의 소중한 추억을 난도질합니다. 이것이 바로 여러 심리치료사가 윌에게 행했던 짓이었습니다. 공감은 없고, 분석만이 가득한 심리 "상담."

로빈 윌리엄스는 윌에 의해 어지럽혀진 마음을 추스르지 못해 일주일간 아무 일도 못하며 깊은 생각에 잠깁니다. 일주일이 지난 뒤 윌과 만난 그는 다음과 같이 윌의 어리석음을 깨뜨려 줍니다.

"너는 천재다. 그것은 이 세상 모든 사람이 다 인정한다.

하지만, 네가 갖고 있는 지식이란 죽은 지식이다.

너는 미켈란젤로의 작품을 실제로 한 번도 보지 못했지만 그의 예술적 성향, 연대기, 성적 취향 등을 줄줄 떠들어댈 수 있을 것이다.

하지만 너는 시스틴 성당 천장의 미켈란젤로 작품을 올려다보았을 때 느껴지는 바로 그 감동. 그건 모른다.

너는 죽어 가고 있는, 너무도 약해서 부스러져 버릴 것 같은, 그런 사랑하는 여인의 손을 잡고 지켜봐야 하는 그 마음을 모른다.

너는 진정한 '상실'을 모른다.

왜냐하면 진정한 상실이란 무엇인가를 너 자신보다 더 사랑했을 때만 느낄 수 있기 때문이다.

나는 너를 볼 때, 자신감에 찬, 인텔리전트한 친구를 보는 느낌을 받지 않는다. 오히려 나는, 거칠고, 오만한, 한 철부지의 모습을 본다.

너는 모든 것을 다 아는 척하면서 내 그림을 통해 내 삶을 망쳐 버렸다. 너는 고아다. 만약 내가 '올리버 트위스트'를 읽었기 때문에, 고아로서 겪었던 너의 어려움과, 고아인 네가 어떻게 느끼고 있는지를 알 수 있다고 떠들면 어떻겠느냐.

개인적으로, 나는 네가 떠들어대는 얘기에 하나도 관심이 없다.

그런 얘기들은 엿 같은 책만 들추면 다 나오는 얘기들이니까.

그런 것으로부터는 '너'에 대해서 아무것도 알 수가 없으니까.

나는 '너'를 알고 싶다. 네가 누구인지, 어떤 사람인지, 바로 그런 얘기들이 내 마음을 확 잡아끈다.

그러면 나는 네 마음속으로 들어가는 것이다.

그러나 넌 그런 얘기는 안 한다.

너는 너 자신에 대해 얘기하는 것에 공포를 느끼니까.

이젠 네 차례다."

윌에게 새로운 숙제를 던져 준 로빈 윌리엄스.

그 뒤의 윌의 마음이 열리게 되는 감동적인 과정은 영화를 직접 보시기 바랍니다.

학문 그리고 학자.

또 하나 생각나는 장면은 윌과 그 친구들이 하버드 바에 놀러 갔다가 하버드생들과 마찰을 빚은 사건입니다. 그곳에서 한 하버드 학생은 윌 일당에게 무안을 주기 위해 너희들 무슨 수업을 듣느냐는 식으로 시비를 걸었습니다. 윌의 친구들은 대학과 전혀 관계없는 노동자였습니다. 역사학을 듣는다고 거짓말을 한 윌의 친구 처키에게 무안을 준다며 미국사를 떠들어대는 그 마이클 볼튼 클론.

옆에서 보다 못한 윌은 그 시답잖은 놈이 "외워대는" 역사학 관련 얘기들을 그 얘기가 나온 책의 페이지까지 정확하게 밝히면서 완전히 박살 냅니다. 그러고는 윌이 내뱉은 한 마디.

"너는 고작 공공 도서관의 책을 통해서 배울 수 있는 것을 배우기 위해 매년 수천만 원의 학비를 쏟아붓고 있다. 그리고 네가 떠들어대는 얘기 중 과연 너의 주장은 뭐가 있냐. 넌 앵무새에 불과하다." 그 앵무새는 이렇게 얘기합니다.

"하지만 난 학위를 갖게 돼. 그러면 너는 내가 스키 여행을 떠날 때 우리 애들에게 프렌치프라이를 팔겠지."

그다음 생각나는 것은, 로빈 윌리엄스와 친구인 수학과 교수 제럴드 램보 사이에서 벌어지는 갈등입니다. 제럴드 램보는 로빈 윌리엄스와 함께 대학을 다녔습니다. 제럴드 램보가 무난하게 학자의 길을 걸으며 또 "수학의 노벨상"이라 불리는 필즈 메달을 수상한 성공적인 학자였던 데 반해, 기숙사 룸메이트였던 로빈 윌리엄스는 그런 유의 성공을 멀리하며 자기 인생에 충실해 나갑니다. 제럴드는 동창회에도 나타나지 않는 로빈 윌리엄스를 "failure"라며 싸늘하게 평가

합니다. 로빈 윌리엄스는 사회적 "성공"만을 강아지처럼 쫓아다니며 개폼이나 잡아대는 동창회를 경멸합니다. 같은 기숙사 방을 쓰며 학교를 다니던 두 친구는 극명하게 대비되는 길을 걸어가게 됩니다. 이 두 사람이 우정과 반목을 겪는 것을 보면서, 남들에게 보이는 성공과 자기 자신의 인생에 충실한 성공 사이의 차이에 대해 생각해 볼 수 있었습니다.

간간이 등장하는 제럴드 램보 교수의 모습은 학자의 이면을 들여다보게 합니다. 블론드 여성을 앞에 두고, "까다로운 이론은 아름다운 심포니 같지요"라며 멋을 부리는 모습. 세계 최고의 수학자라는 공인(필즈 메달)을 받았음에도 월 같은 천재가 밖에 얼마나 더 있을지 모른다는 것에서 느끼는 좌절감과 불안감. 영화 아마데우스에서 안토니오 살리에리가 볼프강 아마데우스에게 느끼는 질투와 찬탄이 복합된 감정과 비슷한 느낌이었을 것입니다.

의기양양 좌절.

또, 로빈 윌리엄스와 램보가 정말 월을 위한 방향이 무엇인가를 놓고 벌인 논쟁 역시 재밌는 생각거리를 던져 줍니다.

제럴드 램보: "제대로 이끌어 주는 사람이 없었다면 앨버트 아인슈타인도 스위스 특허청의 말단 공무원으로 끝나 버렸을 것이고, 아인슈타인에 의해 창조되었던 여러 가지 과학적 업적은 불가능했을지 몰라. 월은 그런 재능을 타고났어. 우린 월에게 옳은 방향을 제시해 줘야만 해."

로빈 윌리엄스: "그런 학문적 성취의 궁극적 목적이 과연 뭔가. 태드 카잔스키 아나? 60년대에 미시간 대학을 졸업한 친구로 엄청난 수학적 업적을 남겼지. 특히 Bounded harmonic functions에서. 그리고 그

친구는 버클리에 가서 조교수로서 굉장한 가능성을 보여 준 다음 몬 태나에 가서 모든 경쟁을 장난같이 뛰어넘었단 말이야. 그가 바로, 유 나바머야."

마지막으로 생각나는 것은 친구 처키의 모습입니다. 너무나 자연 스럽게 미국 노동자 계급을 연기해 내는 배우 벤 에플렉은 실제로 맷 데이먼과 절친한 사이인 것으로 알려져 있습니다. 굿 윌 헌팅의 각본 도 같이 썼다고 합니다. 벤 에플렉은 굿 윌 헌팅 이후에 스타덤에 올 라서서, 'Shakespear in love' 같은 영화에서 만나 볼 수도 있었습니다. 친구 처키가 윌에게 "떠나라"고 충고하는 장면이 생각납니다. 말 한 마디 한 마디에 진심이 담겨 있었기에 거칠고 투박하지만 친구를 생 각하는 진정한 배려를 느낄 수 있었습니다. 진실한 말은 결코 화려하 지 않으나 사람을 움직인다는 것을 처키가 윌에게 충고하는 장면을 보면서 잘 깨달을 수 있었습니다.[14)]

- 조각배 한 척의 의미
- 전혀 새로운 경험들
- 멈추어야 하는 것과 새로 시작해야 하는 것
- "아버지의 이름(라캉이 말하는 첫 바깥)"
- 『존 말코비치 되기』 = Being~
- 『변신』(카프카) = 의식과 몸, 안과 밖의 불화

---

14) 출처: 블로그 〉 Virtual leader

4강 주제, "아버지는 아들을 기다린다."

〈파인딩 포레스터〉

줄거리

당신을 이해하는 단 한 명의 친구를 만난다! 세상을 등진 남자와 세상으로 막 나오려는 남자······ 마침내 이 두 사람의 아름다운 조우가 시작됩니다.

길거리 농구를 즐기는 고등학생 자말 월러스(Jamal Wallace: 로버트 브라운 분)와 그의 친구들은 동네 아파트에 거주하고 있는 이상한 남자에게 관심을 갖는다. 베일에 싸인 인물에 대한 호기심이 극에 달한 자말은 어느 날 밤 그의 아파트에 몰래 침입하지만 실수로 가방을 놓고 나오게 된다. 그리고 그 베일의 주인공 포레스터는 가방 속에서 평범함을 뛰어넘는 자말의 수많은 글들을 발견한다.

다음 날, 자말은 가방을 찾기 위해 아파트를 찾아가지만 되돌아오는 것은 차가운 반응뿐. 그러나 포레스터의 목적은 다른 데 있었다. 문학적 재능을 지닌 자말을 문학세계로 이끌어 주기로 한 것이다. 포레스터는 지난 수년간 한 번도 문을 열지 않았던 자신만의 세계에 자말을 받아들인다. 한편 자말의 문학적 재능이 교내테스트에서 드러나면서 자말은 맨해튼의 명문대 예비학교에 농구특기장학생으로 스카우트된다. 그러나 그때가지도 자말은 아파트의 괴팍한 노인이 위대한 작가 포레스터임을 전혀 알지 못한다.

자말은 자신의 가족과 삶을 나눈 고향 브롱크스에서 나와 새로운 세상을 항해하기 시작한다. 이제 그에게는 낯설고도 엄격한 지식 공동체에서 나아갈 방향을 제시해 주는 스승 포레스터와 마음의 안정을 가져다주는 친구 클레어가 있다. 그리고 때 묻은 고전서적들과 정적만이 가득했던 포레스터의 은둔지는 두 작가의 웃음과 논쟁, 학문에의 열정으로 채워진다. 포레스터는 이 어린 제자를 따라 지난 40여 년간 닫고 살아온 창밖의 세상에 조금씩 닿아 간다.

{친애하는 자말에게. 한때 난 꿈꾸는 걸 포기했었다. 실패가 두려워서, 심지어는 성공이 두려워서. 네가 꿈을 버리지 않는 아이인 걸 알았을 때, 나 또한 다시 꿈을 꿀 수 있게 되었지. 계절은 변한다. 인생의 겨울에 와서야 삶을 알게 되었구나. 네가 없었다면 영영 몰랐을 거다. ─William Forrester}[15]

네티즌리뷰

가끔 그런 영화들이 있다.

어떠한 이유 없이 그냥 계속해서 보게 되는 영화들. 무엇이 마음에 들었는지 나조차도 잘 모르겠지만 문득 떠올라서 몇 번이든 계속해서 보게 되는 영화.

내게 파인딩 포레스터는 그런 영화들 중 하나다.

뉴욕 빈민가 출신으로 문학에 관심이 많은 것만큼 재능도 많은 흑인 청년 자말.

그는 친구들과 함께 농구를 하는 데 반나절을 보내지만 그의 가슴엔 글에 대한 소망이 꿈틀거린다.

문학 ─ 글이라는 것.

---

15) 출처: 홍성진 영화해설. http://movie.naver.com/movie/bi/mi/basic.nhn?code=31524#story

자말에게 글은 현실의 불안 뒤에 숨어 있는 미래의 희망과 소통하는 방법이다.

문학에 대한 관심을 비밀로 하며 친구들과 어울리고, 형의 이루지 못한 꿈의 무게를 느끼며, 혼자 자식을 키우는 어머니의 중압감과, 약물중독이었던 아버지의 빈자리, 그리고 변함없이 가진 것 하나 없는 빈민가 브롱크스.

자말의 청춘은 아프다.

자말은 이 아픔에 글로써 대처한다.

포레스터는, 무척이나 매력적이면서도 특이한 인물이다.

그는 단 한 권의 책으로 거장의 반열에 오른 작가이면서도 세상으로부터 은둔한 채 살아간다.

(호밀밭의 파수꾼을 쓴 제롬 데이비스 셀린저가 바로 포레스터의 모델이다.)

가족의 상실, 그리고 어른이 된 후 세상으로부터 받은 상처를 간직한 포레스터의 성인 시절도 자말의 청춘만큼이나 아프다.

그런 그가 다시 인생의 황혼 무렵에 세상과 소통하기 시작하게 되는 이유는, 자말을 만나게 되면서다.

포레스터와 자말은 서로가 서로를 가장 잘 표현할 수 있는 문학을 통해서 소통하기 시작한다.

그 소통은 느리지만 강력하다.

가족은 사람이 갖는 최초의 집단이자, 최초로 상처를 주는 집단이지만, 사람이 인생이 주는 상처를 극복하고 안식하며 머무를 수 있는 집단이자 나에게 나란 이유만으로 무한한 사랑을 주는 집단이다.

자말과 포레스터는, 서로가 스스로의 상처를 바라볼 수 있게 해 주는, 그래서 그 상처에 맞설 수 있게 해 주는, 혈연적인 관계로써가 아니라 감정이 교류하는 관계로써 서로에게 가족이 되는 사람이었다.

그리고 자말과 포레스터는 행복했다.

자말의 캐비닛 문에 붙어 있었던 포레스터의 편지들을 봤을 때 나는 알 수 있었다.

서로 소통한다는 것, 그건 아픔을 치유할 수 있는 유일한 방법이다.

나도 어렸을 적에 글에 대한 희망을 꿈꾸었던 적이 있었다.

자말에게 질투심을 느끼는 반면 자말의 재능에 나의 꿈을 투영해서 보고 있기도 했다.

자말의 청춘만큼이나 현재 나의 청춘도 아프다.

하지만 나는 분명 17살의 자말보다는 더 능숙하게 아픔을 숨길 줄 안다.

그래서 아픔은 더 곪는지도 모르지만.

나는 이 영화의 시선이 좋다.

구스반산트 감독은 완급의 조절을 아는 감독임이 분명하다.

무덤덤한 듯하면서도 열정을 곳곳에 숨겨 놓은 시선은 꿈을 가진 사람이라면 두근거리게 한다.

그리고 나는 아프지만 아직 꿈을 가지고 있다.

• 아버지 찾기
−생물학적 아버지
−아버지의 3가지 맥락: 심리학적, 사회학적, 종교적
• 창 혹은 소통
• 문 혹은 사귐
• 위대한 선생의 모델

- 간절한 공감
- 아버지는 아들을 위해 죽는다.

〈실전 논술 맛보기 1〉 연세대 2007 정시 논술고사 문제 (인문계)

〈문제〉 나 자신이 아닌 다른 존재의 느낌과 생각을 과연 이해할 수 있는가? 아래 제시문들을 비교 분석하여 어떤 어려움들이 있는지 설명하고, 그러한 어려움이 극복될 수 있는지 사회현실의 예를 들어 논하시오.

<가> 장자가 혜자와 함께 호수(濠水)의 징검돌 근처에서 노닐고 있었다. 장자가 말했다. "피라미가 한가롭게 헤엄치고 있소. 이게 물고기의 즐거움이오." 혜자가 말했다. "당신이 물고기가 아닌데 어떻게 물고기가 즐겁다는 것을 안다는 말이오?" 장자가 말했다. "당신은 내가 아닌데 어떻게 내가 물고기가 즐겁다는 것을 알지 못한다는 것을 안다는 말이오?" 혜자가 말했다. "나는 당신이 아니니까 물론 당신을 알지 못하오. 당신은 물고기가 아니니까 물고기를 알지 못한다는 것이 확실하다는 말이오." 장자가 말했다. "자, 처음으로 돌아가 봅시다. 당신은 '당신이 어떻게 물고기가 즐겁다는 것을 안다는 말이오?'라고 했지만, 그것은 이미 내가 안다는 것을 알고서 그렇게 물은 것이오. 나도 호수(濠水)가에서 물고기가 즐겁다는 것을 알았던 것이오."

－『장자(莊子)』추수(秋水) 편

<나> 우리는 박쥐들이 주로 음파 반향 탐지를 통해, 즉 미묘하게 변조시킨 초음파를 보내서 대상으로부터 반사되어 오는 것을 탐지함으로써 외부세계를 지각한다고 알고 있다. 박쥐의 두뇌는 송출된 파동을 그 반향과 상관시키도록 설계되어 있다. 그렇게 얻은 정보를 가지고 박쥐는 거리, 크기, 모양, 운동, 표면 조직들을 우리가 시각을 가지고 하는 것에 비견될 만큼 정밀하게 분간해 낼 수 있다. 그러나 박쥐의 음파 반향 탐지는 분명히 지각의 한 형태이기는 하지만, 우리가 가진 그 어떤 감각과도 비슷하게 작동하지 않는다. 따라서 그것이 우리들 인간이 경험하거나 상상할 수 있는 어떤 것과도 주관적 느낌의 측면에서 유사하리라고 생각할 이유가 없다. 바로 이러한 점이 박쥐의 입장에서 느낀다는 것이 어떠한지를 알기 어렵게 만드는 것으로 보인다. (……)

우리 상상의 기본적 재료는 우리 자신의 경험이기에 이러한 상상은 제한되어 있다. 내 팔에 날개가 달려 있어서 저녁과 새벽에 날아다니며 입으로는 벌레를 잡아먹고, 시력은 형편없이 나쁘지만 초음파 신호를 통해 주위 환경을 지각하고, 또 낮에는 다락방에 거꾸로 매달려 지낸다고 상상한들 그것은 박쥐의 느낌을 이해하는 데 아무런 도움이 되지 않는다. 내가 이런 상상을 한다면(이것은 그리 어렵지 않은 상상인데), 이는 단지 내가 한 마리의 박쥐처럼 행동한다는 것이 어떠한 것인가를 알려 줄 뿐이다. 그러나 문제는 이것이 아니다. 내가 알고 싶은 바는 박쥐가 박쥐의 입장에서 느끼는 것이 어떠할까 하는 것이다. 그러나 내가 갖고 있는 정신적 자원들은 제한되어 있고 그 자원들만으로는 이러한 상상을 하기 어렵다. 나는 현재의 내 경험에 무엇을 더 보태거나 빼면서 상상하거나 또는 더하고 빼고 고치기를 여

러 번 반복해 보아도 박쥐의 느낌을 알 수 없다.

－토마스 네이글, 「박쥐의 입장에서 느낀다는 것은 어떠한 것인가?」

<다> 점순네 수탉(은 대강이가 크고 똑 오소리같이 실팍하게 생긴 놈)이 덩저리 적은 우리 수탉을 함부로 해내는 것이다. 그것도 그냥 해내는 것이 아니라 푸드득, 하고 면두를 쪼고 물러섰다가 좀 사이를 두고 또 푸드득, 하고 모가지를 쪼았다, 이렇게 멋을 부려 가며 여지없이 닦아 놓는다. (……)

이번에도 점순이가 쌈을 붙여 났을 것이다. 바짝바짝 내 기를 올리느라고 그랬음에 틀림없을 것이다.

고놈의 계집애가 요새로 들어서서 왜 나를 못 먹겠다고 고렇게 아르릉거리는지 모른다.

나흘 전 감자 쪼간만 하더라도 나는 저에게 조금도 잘못한 것은 없다.

계집애가 나물을 캐러 가면 갔지 남 울타리 엮는데 쌩이질을 하는 것은 다 뭐냐. 그것도 발소리를 죽여 가지고 등 뒤로 살며시 와서,

"얘! 너 혼자만 일하니?"

하고 긴치 않은 수작을 하는 것이다. (……)

잔소리를 두루 늘어놓다가 남이 들을까 봐 손으로 입을 틀어막고는 그 속에서 깔깔대인다. 별로 우스울 것도 없는데 날씨가 풀리더니 이놈의 계집애가 미쳤나 하고 의심하였다. 게다가 조금 뒤에는 즈 집께를 할금할금 돌아다보더니 행주치마의 속으로 꼈던 바른손을 뽑아서 나의 턱밑으로 불쑥 내미는 것이다. 언제 구웠는지 아직도 더운 김이 홱 끼치는 굵은 감자 세 개가 손에 뿌듯이 쥐였다.

"느 집인 이거 없지."

하고 생색 있는 큰소리를 하고는 제가 준 것을 남이 알면은 큰일 날 테니 여기서 얼른 먹어 버리란다. 그리고 또 하는 소리가,

"너 봄 감자가 맛있단다."

"난 감자 안 먹는다, 니나 먹어라."

나는 고개도 돌리지 않고 일하던 손으로 그 감자를 도로 어깨 너머로 쑥 밀어 버렸다.

그랬더니 그래도 가는 기색이 없고 뿐만 아니라 쌔근쌔근하고 심상치 않게 숨소리가 점점 거칠어진다. 이건 또 뭐야, 싶어서 그때에야 비로소 돌아다보니 나는 참으로 놀랐다. 우리가 이 동리에 들어온 것은 근 삼 년째 되어 오지만 여지껏 가무잡잡한 점순이의 얼굴이 이렇게까지 홍당무처럼 새빨개진 법이 없었다. 게다 눈에 독을 올리고 한참 나를 요렇게 쏘아보더니 나중에는 눈물까지 어리는 것이 아니냐. 그리고 바구니를 다시 집어 들더니 이를 꼭 악물고는 엎더질 듯 자빠질 듯 논둑으로 힝하게 달아나는 것이다.

- 김유정, 「동백꽃」

<라> 우리는 보통 다른 존재의 행동(언어적 행동까지 포함해서)을 관찰함으로써, 그 존재가 의식을 가지고 있고 생각을 하는 존재라는- 즉 또 다른 마음을 가진 존재라는- 판정을 내린다. 우리는 신체의 상해와 신음 소리에서 고통을 추론하고, 미소와 웃음에서 기쁨을 추론하며, 날아오는 눈덩이를 피하는 행동에서 지각이 있음을 추론한다. 그리고 환경을 복합적이고 적절하게 이용하는 것을 보고 욕구와 의도와 믿음이 있음을 추론한다. 또한 우리는 위에서 언급한 행동들과 언어 발화로부터 그 존재의 의식적 지능을 추론하는 것이다.

그러나 "위에서 언급한 추론들이 어떻게 정당화되는가" 하는 질문을 던지게 되면, 문제점이 드러나기 시작한다. 특정한 유형의 행동으로부터 특정한 유형의 심리 상태를 추론한다는 것은, A라는 유형의 행동과 B라는 유형의 심리 상태 사이에 일반적인 연결 관계가 있다고 가정하는 것이다. 그런 심리/행동의 일반화는 "천둥소리가 들린다면, 근처 어딘가에서 번개가 친 것이다"와 같은 경험적 일반화와 동일한 형식을 취하고 있다. 아마도 그런 일반화는 현상들 사이의 규칙적 연결 관계에 대한 과거 경험을 통해 정당화될 것이다. (……)

　　그러나 심리/행동을 일반화하는 경우, 우리가 관찰할 수 있는 것은 고작 연결 관계의 한쪽, 즉 행동밖에는 없다. 그렇다면 그 일반화가 다른 존재들에 대해서도 적용될 수 있다는 우리의 믿음을 어떻게 정당화할 수 있는가? 만약 어떤 존재가 일정한 심리 상태에 있다고 한다면, 그 존재의 심리 상태는 오직 자기 자신에 의해서만 직접적으로 관찰될 수 있다. 우리는 그의 심리 상태를 관찰할 수 없다. 따라서 우리는 일반화에 필요한 경험적 증거를 모을 수가 없다. 그렇다면 우리가 그런 심리/행동의 일반화를 믿는 것은 정당화될 수 없다. 그러므로 다른 존재의 행동을 보고 그가 어떤 심리 상태에 있다고 추론하는 것은 정당화될 수 없다. 나는 나 자신을 제외한 어떠한 다른 존재에 대해서도 그 존재가 어떤 심리 상태에 있다는 믿음을 정당화시킬 수 없는 것이다.

－폴 처칠랜드, 『물질과 의식』

〈실전 논술 맛보기 2〉 동국대 2004학년도 수시1학기 학력평가 논술고사(인문계)

<가> 내가 나 자신의 편안함에만 신경을 쓴다고 가정해 보자. 그러면 나는 (일반적으로) 땅에 떨어진 쓰레기를 보기는 하지만 줍지는 않는다. 내가 쓰레기를 줍지 않고 그저 놓아두고 보기를 원하지 않는 정도보다 그 쓰레기를 수거하기를 원치 않는 정도가 훨씬 크기 때문에, 나에게는 쓰레기를 주우려는 노력이 가치가 없다.

만약 아무도 쓰레기를 줍지 않는 상황과 모두가 쓰레기를 줍는 상황, 두 상황 가운데 한 상황을 선택해야 할 경우, 나는 다르게 느낄 것이다. (즉) 나는 아무도 쓰레기를 줍지 않는 것보다 (나를 포함하여) 모두가 쓰레기를 줍는 상황을 더 선호할 것이다. (더 나아가) 나는 일 년에 한 번 모두가 쓰레기를 한 파운드씩 수거하도록 요구하는—이 같은 제안이 비현실적이기는 하지만—지방조례가 있다면 그 조례에 찬동할 것이다.

(다른 가능성으로) 많은 다른 사람들이 법에 의해 요구되지 않더라도 자발적으로 쓰레기를 주우려는 성향이 있다고 가정하자. 그렇다면, 이기적인 사람인 나는 많은 다른 사람과는 달리 쓰레기를 줍지 않을 것이다. 나는 내 이웃의 선행(善行)에 무임승차할 것이다. 모두가 나와 같다면, 누구도 쓰레기를 줍지 않을 것이고, 결국 그로 인해 우리 모두가 처하게 되는 상황은 더욱 악화될 것이다.

<나> 공유자원이란 공기·하천·호수·늪·공공토지 등과 같은 자연자원과 항만·도로 등과 같이 공공의 목적으로 축조된 사회간접자본을 일컫는다. 공유자원은 사회 전체에 속하며, 모든 개인에게 필

요하고 이용도 가능하다. 공유자원을 이용함으로써 발생하는 비용은 사회 전체가 부담하게 된다. 그런데 공유자원은 남용되는 경향이 있기 때문에, 공유자원의 이용으로 각 개인이 얻는 편익(便益)이 종종 사회 전체가 부담해야 할 비용을 웃돈다. 하딘(Garrett Hardin)은 이러한 현상을 공유지(共有地)의 비극이라고 불렀다. 먼저 한 마을의 농부들이 소를 자유롭게 키울 수 있는 제한된 넓이의 목초 공유지가 있다고 가정하자. 농부들이 방목하는 소의 숫자가 증가함에 따라 문제가 발생한다. 방목하는 소들이 일정 수준을 넘어서면, 풀이 다시 자라는 속도에 비해서 풀이 소모되는 속도가 더 빠르기 때문에 공유지는 점점 더 황폐해질 것이다. 만약 사용할 수 있는 목초의 양을 할당하고 그것을 강제할 수 있는 농부들 간의 합의된 정책이 없다면, 목초가 없어지기 전에 자신의 이익을 최대로 높이려는 농부들의 욕구 때문에 공유지의 황폐화는 시간문제이다. 하딘은 이런 비극적 상황을 해결하기 위한 대책으로서 사유재산권 강화, 공해세 부과, 출산 및 이민 억제 등과 같은 다양한 방안을 제안한다. 그런데 이러한 해결책들은 '누군가의 개인적 자유를 침해한다'는 공통점을 가지고 있다. 공유지의 비극은 사회구성원들이 사회적 필요를 인식하고 강제의 필요성을 수용할 것을 요구하고 있다.

<다> '수인의 딜레마(prisoner's dilemma)'라는 게임이 있다. A와 B가 은행을 털다가 경찰에 붙잡혔다. 경찰은 이들이 범행을 저질렀다는 것을 확신하고 있으나, 구체적인 물증을 얻지는 못한 상태이다. 범인들의 자백을 받아 내기 위해 경찰은 A와 B를 격리 수용하고, 각자에게 다음과 같은 조건을 제시하였다. 어느 한 사람만이 진실을 털어

놓을 경우, 그는 즉시 석방되고 다른 한 사람은 10년형을 받게 된다. 두 사람이 모두 자백하면 두 사람 모두 5년형을 받아야 한다. 그러나 두 사람 모두 자백하지 않으면 두 사람은 모두 2년형만 받게 된다. 두 범죄자가 모두 합리적이라고 가정하면, 결과는 어떻게 될까? 두 사람 모두 묵비권을 지키면 사이좋게 2년만 감옥에 있다가 나올 수 있는 상황이었지만, 아이러니컬하게도 두 사람은 모두 5년을 살아야 한다는 결론에 다다르게 된다는 것이 '수인의 딜레마'의 내용이다. 그만큼 불확실한 상황에서는 최악의 상황만은 피해야 한다는 것이 합리적 선택의 기준이 된다. 서로 신뢰하고 협조하면 서로에게 더 유리하다는 것을 알면서도 협조할 수 없는 상황이 딜레마이다. 결국 이러한 상황은 각자 개인적인 관점에서 보면 합리적인 의사결정이 전체적으로 보면 모두에게 더 불합리한 결과를 가져오는 상황으로서 우리가 일상적으로 흔히 처하게 되는 문제 상황이다. 개방사회에서 빈번하게 일어날 수 있는 갈등상황의 구조를 보여 주기 위해 이 게임이 활용되기도 한다. 이러한 상황에서 갈등은 두 가지 가능한 의사결정 간에 일어날 수 있는 것인데, 그중 한 가지는 개인의 관점에서 볼 때 합리적인 선택이고, 다른 한 가지는 전체(곧 사회)의 관점에서 볼 때 합리적인 선택이다. …… 결국 '수인의 딜레마' 상황은 개방사회에서 합리성과 도덕감 간의 갈등을 나타낸다.

【문제 1】 제시문 <가>는 사회적 딜레마의 하나인 무임승차(free-ride) 현상을 다루고 있다. 제시문을 기초로 하여 무임승차 현상을 설명하시오(200~300자).

【문제2】제시문 <가>와 <나>는 '개인의 합리성'과 '사회의 합리성'이 때때로 일치하지 않는다는 것을, 제시문 <다>는 이러한 합리성들 간의 괴리가 나타나게 되는 갈등상황의 구조를 보여 준다. 무임승차, 공유지의 비극, 수인의 딜레마 등을 고려하면서, 이 문제를 해결할 수 있는 방안을 제시하시오(1,000자 안팎).

초등학교 논술 따라잡기

동서고금을 막론하고 교육의 선봉에는 항상 독서가 자리했다고 해도 과언이 아니었다. 최근에는 다양한 매체와 여가생활로 생활양식이 다변화되면서 독서 시간이 줄어들고, 입시교육정책 또한 독서교육을 왜곡시키고 있다.

해방 후 미국의 진보주의 교육사상을 배경으로 초·중등 학교에 도서관이 생기기 시작했다. 1950년대와 60년대에는 비교적 의욕적으로 독서교육이 이루어졌으나 70년 대 이후 입시경쟁과 더불어 독서교육은 뒷전으로 밀리기 시작했다.

다시금 7차 교육과정의 시행과 더불어 기초학습능력의 신장과 자기 주도적 학습능력 신장을 위해 독서교육이 주목받게 되었다.

2002년에는 독서교육을 중시하기 위해 '학교도서관 활성화 종합방안'을 수립·발표하기에 이르렀다. 이로써 우리나라 건국 이래 중앙정부 차원에서 가장 체계적인 독서교육의 일환으로 학교도서관 정책이 시행되기에 이른 것이다. 매년 600억 원씩 5개년 동안 총 3,000억

원을 투입하고 각급 학교 경상운영비의 3% 이상을 도서구입비로 사용하도록 함으로써, 1인당 장서량을 평균 5.5권(2002년)에서 5년 내에 10권 이상 확보하고, 교육과정에서 도서관 활용수업을 강화토록 하겠다는 구상을 내놓았다.

국민독서실태조사(2002년)에 의하면 학년이 올라갈수록 독서량이 줄어들고 학생의 평일 독서 시간은 48분, TV나 비디오와 같은 영상매체 접촉 시간은 131분, 라디오·음악 듣기 등 음향매체 접촉 시간은 85분, 컴퓨터 통신이나 인터넷 등 정보매체 접촉 시간은 165분에 달한다. 독서 외 다른 매체 접촉 시간이 무려 381분으로 독서 시간보다 약 7.9배나 된다는 것을 알 수 있다. 국가가 나서서 '종합방안'을 마련하고자 하는 이유가 여기에 있었던 것이다.

1. 책을 읽지 않는 이유

책을 읽지 않는 가장 큰 이유는 학생들이 읽을 시간이 없기 때문이다. 상급학교로 진학할수록 입시부담을 느낀 학생들이 책상보다 학원으로 몰리기 때문이다.

또한 교육과정이 지식교육 위주로 이루어져 객관식 평가에 적합한 주입식과 문제풀이식 수업을 전개함으로써 교과 관련 책읽기를 통한 확산적 사고를 도모하는 수업이 이루어지지 못하고 있다.

셋째, 청소년을 대상으로 한 책을 쉽게 얻을 수 없는 것도 한 원인이다.

초등학교 학생들은 동화책을 읽고 고등학교 학생들은 성인 도서를 함께 읽을 수 있지만, 중학생이 읽을 만한 책은 매우 드물다. 초등학교까지 책을 읽던 어린이들이 순간 공백을 느끼게 되어 무협지나 만화, 순정소설을 읽을 수밖에 없는 것이다.

마지막으로 책을 읽는 것이 즐거운 경험이며 독서에 관한 방법과 정보를 학생들이 충분히 제공받지 못한 것에도 원인이 있다.

2. 외국의 사례

영국: 북 스타트 운동

학교 건물의 1/10을 도서관으로 확보하기, 독서교육을 중심으로 한 교육과정, 출판사, 언론기관, 우체국, 백화점, 민간단체 등이 참여하여 국가차원에서 독서교육이 이루어짐.

프랑스: 독서교육이 공적인 시험 - '바깔로레아'

독서 결과를 글로 쓰고 발표하는 형식으로 평가함.

미국: 학생들의 능력에 따른 읽기 프로그램운영. 매주 2~3권의 책을 정해주고 A4용지 3~4매 분량의 글을 써오는 과제 제시함.

일본: 등교 후 아침 시간 30분 동안 책을 읽는 학교가 보편적임.

이스라엘: 등교한 학생들이 학교도서관에서 읽을 책을 3권 빌려온다. 독서카드에 그 책의 요약문과 토론 주제를 작성한다. 한 학기가 끝나면 사서선생님이 학생의 관심분야, 취미 등을 일러주고 특정 책에 편중되거나 취약한 독서습관을 짚어준다. 13년의 의무교육이 끝나며 약 만 권 정도의 책을 읽게 된다. 이스라엘은 노벨상 수상자가 인구 10만 명당 1명꼴인 150명이다.

인터넷, TV를 보면 뇌의 40%가 활동, 만화책은 60%, 책을 읽으면 99% 두뇌가 회전된다고 함.

3. 독서를 하는 동기

첫째, 호기심
둘째, 유인가(incentive)
셋째, 모방심리

4. 어떤 책을 읽어야 할까?

첫째, 학생의 수준에 알맞은 문장과 적절한 분량, 관심있는 책부터
둘째, 책 속의 인물이 성장하는 과정이 담긴 책
셋째, 영원하고 보편적인 가치관이 담긴 책
넷째, 독자의 몫이 남이 있는 문장의 책

5. 독서의 장단점

1) 독서가 인간에게 좋은 점
  가. 간접 경험을 할 수 있다.
  나. 사고력, 비판력, 상상력이 증대된다.

다. 지식, 정보를 얻을 수 있다.

라. 감정이 풍부해져 삶의 질을 윤택하게 한다.

마. 여가를 생산적으로 활용할 수 있다.

바. 어휘, 구사력, 글쓰기 실력 향상 등 자기 표현력이 증대된다.

사. 자아 정체성을 확립할 수 있다.

아. 교훈을 얻는다.

자. 문제 상황 해결 능력이 증대된다.

차. 타인에 대한 이해심이 증가한다.

파. 미래 설계에 도움이 된다.

2) 독서가 인간에게 나쁜 점

가. 선입견(편협된 생각)을 가질 수 있다.

나. 잘못된 정보 습득의 우려가 있다.

다. 판단력 부족시 모방범죄의 우려가 있다.

라. 현실과 비현실 세계의 구분능력 부족으로 현실 감각이 떨어진다.

마. 무조건적 독서(지식 쌓기)는 가치관의 혼란을 일으킨다.

바. 시간활용의 비효율성이 있다(시간을 많이 사용).

사. 지적 허영심을 부추긴다(잘난 척).

아. 무조건적인 비판론자(궤변론자)가 될 우려가 있다.

자. 살아 쉼 쉬는 경험이 아니다.

차. 돈이 많이 든다.

6. 독서지도 방법의 단계

처음부터 독후감을 쓰거나 독서토론을 하도록 하는 것은 학생들에게 독서가 즐거운 것이 아닌 과중한 과제로 느끼게 된다.

먼저, 독서의 중요성에 대한 사전 지도, 도서관이나 서점 다녀오기, 독서 게시판 만들기, 영상 문학 감상하기, 독서 체험학습 및 독서 여행하기 등 독서 동기를 심어주는 활동이 선행되어야 한다.

다음으로 마인드 맵, 독서퍼즐 등을 통하여 책 내용을 이해하는 독서활동과 주인공이나 저자에게 편지 쓰기, 독서 퀴즈 문항 만들기, 독서만화나 감상화 그리기 등의 활동을 통하여 책 속으로 감정이입이 될 수 있는 활동을 한다.

위의 활동이 잘 진행되면 독후감 쓰기, 독서 토론, 모의 재판 및 청문회 등 진지한 독서 후 논리적 사고력 및 발표력 향상 단계를 진행한다.

7. 초등학교 아동의 독서발달 단계에 따른 책 권하기

학년	7차 기본 독서지도	독서발달단계	책 권하기
1~2	• 책을 바르게 잡고 책장 넘기는 방법을 안다 • 글 줄을 바르게 보며 눈으로 읽어보게 한다. • 소리를 내어 바른 발음으로 읽게 한다. • 묵독을 하도록 한다. • 행동이나 장면을 생각하며 읽는다.	• 우화기로서 옛날이야기를 즐기면서 단순한 도덕성이 들어간 단문 형식의 우화를 좋아한다. • 사회생활에 적응을 시도하는 시기이므로 행동의 규범을 무조건 수용하려는 경향이 강하며 진실과 허위, 현명과 우둔, 정의와 사악 등의 도덕성이 명백한 이야기를 즐긴다. • 상상의 세계에서 주변의 현실적인 대상으로 흥미가 확대된다.	• 그림책, 우화, 짧은 동물 동화, 이솝 이야기, 전래동화, 명작 동화를 쉽게 펴낸 것 • 위인의 어린 시절, 현실을 상상으로 꾸민 것 • 스스로 찾아 읽거나 읽고 싶은 책을 부모나 교사에게 문의해서 읽기

3~4	• 이야기의 절정 부분까지만 읽어준다. • 필독 도서, 권장도서 목록을 나누어 준다. • 독서량 비교표를 개시하여 스스로 기록하게 한다. • 도움이 되는 책과 안 되는 책의 조건을 알게 한다. • 필요한 부분을 골라 읽도록 한다.	• 책에 대한 관심과 독서 수준에 개인차가 심하게 나타난다. • 편독 현상이 나타나기 시작하므로 다양한 읽을거리 제공이 필요하다. • 자신과 비슷한 또래가 등장하는 생활동화에 관심이 많다. • 만화에 대한 흥미는 절정에 이른다. • 영웅과 스타를 좋아한다. • 스스로 책을 선택한다. • 사생활에 비밀행동을 유지하려는 경향이 있어 모험이야기를 즐기게 된다.	• 세계 명작, 동화, 전래 동화, 신화, 전설, 영웅 이야기, 초보적인 과학 이야기 • 모험과학 이야기, 스포츠 및 유모어 이야기 등
5~6	• 올바른 독서 방법을 알게 한다. • 목차와 색인을 이용하여 필요한 부분을 찾아 읽는다. • 체계적인 독후 노트 사용법을 지도한다. • 정독의 기능을 습관화한다.	• 독서기술과 속도가 크게 향상된다. • 비판의식이 높아져 독서를 통한 문제 해결을 할 수 있고 도서 선택의 능력이 생긴다. • 서정 문학을 즐기기 시작한다. • 탐정, 추리, 공상 과학 소설을 읽는다. • 독서 자료나 목적에 따라 속독, 정독을 선택하여 읽는다. • 지식을 담은 책 또는 우정에 관한 소설을 읽는다.	• 모험추리소설, 가공 이야기, 과학 발명 이야기, 세계 풍물 이야기, 소녀·소년 소설(세계 명작), 위인 전기, 역사 지리 이야기 • 목차와 서문, 해설을 통하여 도서 내용을 파악하는 능력을 갖게 하기

결국 독서에서 중요한 것은 그것의 좋은 가치가 아니라 누가 독서의 어떤 과정을 통해 무엇을 이뤄 나가느냐가 중요하다.

아마도 문학이 아니었더라면 내 감정이 그토록 왜곡되지 않았을지도 모른다. 거기에는 분명히 문학과 독서가 끼친 악영향이 있을 것이다. 아무리 타고난 성미가 모질다고 해도, 문학의 세계가 아니었다면 그러한 파격적 행동(반항 행위)을 저지르지 않았을 것이다. 문학을 신봉하기 시작한 나는 이상이나 까뮈 등을 내 식구보다 더 가까운 혈연처럼 생각했고 그리고 그들이 가르친 파괴력·반항·불성실 같은 것들을 금과옥조로 삼고 있었으니까. 나는 그것을 성장이라고 생각했다.[16]

위 주인공은 독서의 악영향을 토로하고 있지만 이러한 성찰 또한 독서와 사색의 결과일 것이다. 이러한 독서의 양면 때문에 제대로 읽는 자세가 중요하다. 독서교육의 필요성을 독서를 안 하거나 잘못했을 때 문제의 가능성이 커진다는 측면에서 제일 먼저 찾을 수 있다.

독서교육은 책은 왜 읽어야 하는가에 대한 동기와 목표, 책은 어떻게 읽어야 하는가에 대한 방법론, 책은 누가 어떤 환경에서 읽는가에 대한 독서주체와 환경설정을 포함해야 비로서 독서교육이라고 할 수 있다.

---

16) 혐기영(1999)의 '지상의 숟가락 하나'-실천문학사

논술의 비법

얼굴이 환한 아이에게 기분이 어떤 지 물어볼 경우 그 아이는 어떤 대답을 할수 있을까? "지금 저 기분 나쁘거든요"라는 대답은 없을 것이다. "무지 기분이 좋아요" 정도가 아닐까?

좋은 기분을 표현하면 어떨까. "무지 맑은 가을 하늘을 날아가는 것처럼 산뜻하고 붕붕 뜨는 기분이에요. 아주 새콤하고 달콤한 파인애플이나 사과를 한 입 베어 문 것 같이 상큼해요"라고 말한다면 훨씬 더 생생하게 좋은 기분을 전달할 수 있다.

글 솜씨가 있어야만 표현력을 높일 수 있는 것은 아니다. 어떤 대상에 대한 표현력을 문장으로 쓸 수 있으면 된다. 문학적인 비유가 아니어도 실제 생활에서 만나는 각종 상황을 가져다 쓰면 되기 때문이다. 감정을 표현하는데 쓰이는 도구가 음식이 되어도 좋고 책이 되어도 좋고, 좋아하는 드라마가 되어도 좋다. 자신의 감정을 문장으로 길게 표현하는 것은 표현력을 높이는데 좋은 훈련이 된다.

기분 나쁜 상황, 슬픈 상황, 마음이 아픈 상황, 놀란 상황 등 다양한 감정의 상태를 두 세 문장 이상으로 표현해보도록 하면 표현력과 문장력을 키우는 훈련이 된다. 일기를 쓸 때 활용해도 좋다.

표현력을 높이는 하나의 훈련은 '글쓰기'이다. 그림이나 풍경을 글로 표현하는 것이다. 눈 앞에 보이는 그림, 풍경을 다른 사람에게 생생하게 전달하려면 어떻게 해야 할까? 눈 앞에 보이는 것처럼 생생하게 보여주려면 되도록 세심하고 자세하게 그림과 풍경을 묘사해야 한다.

(1) '해는 뜰을 빙 둘러싼 담 안에서 반짝였고 미셀스와이트 장원의 이 특별한 장소 위에 높이 걸린 아치 모양의 파란 하늘은 황무지에서 보다도 훨씬 더 찬란했다. 붉은가슴울새는 제가 사는 나무에서 날아 내려와 메리를 따라 이 수풀에서 저 수풀로 통통 튀어다니기도 하고 날아다니기도 했다. 새는 메리에게 이것저것 보여 주려는 것처럼 열심히 부지런히 짹짹거렸다.' (『비밀의 화원』, 프랜시스 버넷, 시공주니어)

(2) '서늘하면서도 달콤한, 진하면서도 고상한, 환각이 아닌가 싶게 비현실적인 향기에 이끌려서였다. 그늘진 평평한 골짜기에 그림으로만 본 은방울꽃이 쫙 깔려 있었다. 아니 꽃이 깔려 있다기보다는 그 풍성하고 잘생긴 잎이 깔려 있다는 게 맞을 것이다. 밥풀만 한 크기의 작은 종이 조롱조롱 맺힌 것 같은 흰 꽃은 수줍게 고개를 숙이고 있었지만 앙큼하도록 농밀한 꿀샘을 가지고 있었다.' (『그 많던 싱아는 누가 다 먹었을까』, 박완서, 웅진닷컴)

글 (1)은 『비밀의 화원』에 나오는 정원 묘사 글이다. 하늘과 새로 정원을 눈으로 본 것처럼 표현해놓았다. 글 (2)는 소설가 박완서가 고향 개성 박적골 숲에서 본 은방울꽃에 대한 묘사이다. 방울방울 흰 꽃이 눈앞에 선하도록 써놓았다.

글솜씨가 있어야만 표현력을 높일 수 있는 것은 아니다. 어떤 대상에 대한 표현력을 문장으로 쓸 수 있으면 된다. 문학적인 비유가 아니어도 실제 생활에서 만나는 각종 상황을 가져다 쓰면 되기 때문이다. 감정을 표현하는 데 쓰이는 도구가 음식이 되어도 좋고 책이 되어도 좋고, 좋아하는 드라마가 되어도 좋다. 자신의 감정을 문장으로 길게 표현하는 것은 표현력을 높이는 데 좋은 훈련이 된다.

"논술에 정답이 있을까요?" 논술의 완성도를 '적절한 근거를 들어 논리적으로 구성했는가, 아닌가'보다는 '글쓴이의 견해가 맞는가, 아닌가'로 혼동하기 때문에 나오는 질문이다. 글쓴이의 주장이 옳으냐 그르냐는 판단은 논술에 정답이 있다는 선입견에서 나오는 얘기이다. 정답에 대한 생각은 극단적인 결론으로 이어져 설득력을 잃은 논술이 되기도 한다.

논술에는 정답이 없다. 흑백 논리로 옳고 그름을 가르는 글이 아니기 때문이다. 논술은 자신의 주장을 세우는 데서 출발해 주장을 설득하는 쪽으로 논리를 전개한다. 글을 이끌고 가는 논리의 기본은 '정반합(正反合)'이다. 자신의 의견을 펼치되(正), 상대방의 의견을 언급하고(反), 보다 낫다는 이해를 구할 수 있는 보편 타당한 근거를 들어 결과를 도출(合)한다는 얘기이다. 이해하기 쉬운 문장과 구조로 완성되어 있느냐의 여부는 그다음 일이다. 흑백 논리에 치우치지 않도록 논리의 정반합을 이루는 것이 좋은 논술의 관건이며 논리의 함정에서 빠져 나오는 길이다.

자신의 주장만을 내세우는 글이나 '~해야 한다', '절대로', '반드시' 등 단정적인 말투로 결론 짓는 글은 피하는 것이 바람직하다. 단정적 말투는 싸울 때 목소리만 높이는 것과 같다. 자신의 주장을 논리적으로 설득할 자신이 없기 때문에 억지로 강요하는 느낌을 준다. 글의 내용도 '내 생각만 옳고, 다른 것들은 모두 틀리다'는 식의 흑백 논리로 치우치기 쉽다. 흑백 논리를 내세우는 글은 담고 있는 근거와 주장이 극단적이어서 상대방에게 반감(反感)을 사기도 한다. 보편적인 사회 통념의 이해 없이 자기만의 논리에 갇혀 뻔한 논거를 반복하는 경향으로 인해 설득력을 갖기도 어렵다.

논술은 자기 주장을 남에게 설득하기 위해 쓰는 글이다. 문자의 형태를 빌어 자신의 주장을 구조적으로 풀어낸 것이다. 설득력 있는 주장을 펼치기 위해서 뒷받침할 근거를 마련한다. 서론, 본론, 결론으로 글을 구조화하여 얼거리를 짜고, 문단과 문단 사이의 연결은 물론 문장과 문장의 흐름도 자연스럽게 풀어낸다.

글쓰기 초보자들은 거쳐야 할 과정이 많아 어렵다고 느낀다. 무엇부터 시작할 지 몰라 허둥대기 쉽다. 즉 즉흥적으로 떠올린 생각으로 글을 쓰려 하는 경우가 많기 때문이다. 주장하는 방향이 불분명하고 구성도 흐트러진 글로 이어질 수밖에 없다. 해결책은 논술을 쓰는 이유에서 찾으면 간단하다. 논술의 목적은 무엇인가? 자기 주장을 상대방에게 설득하는 것이다. 논술은 무엇을 주장할 것인지 글의 주제를 먼저 정하는 것에서부터 시작하는 것이 바람직하다. 주제가 결정되면 절반은 쓴 것이나 다름 없다. 무엇을 쓸 것인지 정하고 시작하는 글은 주장을 뒷받침하는 논거에 설득력을 불어넣는다. 주장하고자 하는 내용을 토대로 얼거리를 짜고 살을 붙여나간다면 글쓰기가 훨씬 쉬워진다.

논술을 쓸 때 주제를 정하는 것은 여행을 떠날 때 목적지를 정하는 것과 같다. 목적지가 없는 여행은 어떤 모습일까? 무엇을 준비해야 할 지, 어디로 가야 할 지 시작부터 쩔쩔매기 쉽다. 우여곡절 끝에 어딘가에 도착해서도 우왕좌왕하기 일쑤이다. 논술도 마찬가지다. 목적 없이 글을 쓰기 시작하면 무엇부터 써야 할 지 막막해져 글쓰기 자체를 어렵게 만든다. 간신히 써 내려가더라도 전체적으로 전달하고자 하는 내용이 무엇인지 알 수 없는 글이 되기 쉽다. 당연히 좋은 글이 될 수 없다.

글을 쓴 후 고쳐본 경험이 있나? 또 자신의 글을 누군가 읽고 고쳐 준 경험이 있나?

글을 고친다는 '첨삭'은 글을 쓴 사람에게도, 고쳐주는 사람에게도 쉬운 작업은 아니다. 글 실력이 부쩍 늘게 하려면 고쳐 써보는 연습을 자주 해야 한다.

학생들이 논술 주제를 놓고 글을 쓴 후에는 선생님이나 학부모, 글을 잘 쓰는 선배 들에게 꼭 보여 줘야 한다. 어떤 부분이 좋고, 어떤 부분은 어떻게 고쳐 쓰는 것이 나을 지 고쳐보아야 더 좋은 글을 쓸 수 있는 바탕이 된다. 글을 고친 후에는 자신의 글과 비교해 어떤 부분이 그대로 유지됐고 어떤 부분이 어떻게 고쳐졌는지 확실히 알아 두어야 한다. 고치는 과정보다 그 내용을 확인하는 작업이 사실은 더 중요하다. 그래야 논리구조와 글 쓰는 습관에 어떤 문제가 있는 지 알 수 있기 때문이다.

글을 매일 쓰는 신문 기자나 작가들도 매일 선배나 선생님들의 지도를 받는다. 기사화되기 전에, 활자화 되기 전에 선배와 선생님이 고쳐놓은 글과 비교하며 자기 글의 부족한 점을 검사한다. 처음에는 자신의 글이 너무 많이 수정될 경우 부끄러움도 있겠지만 고친 글을 꾸준히 읽고 따라 쓰다보면 글 실력이 자신도 모르게 쑥쑥 늘어날 것이다.

논술을 잘하기 위해 책을 고를때 전집을 선택하는 경우가 많은데 전집은 피하는 것이 좋다. 아이가 책을 고를 기회가 없어지기 때문이다. 스스로 책을 고르면서 아이는 독서에 더 관심을 갖게 된다. 수십 권짜리 전집은 흔히 장서를 함으로써 서재의 장식품으로 생각하는 것쯤으로 부모들의 뿌듯함은 있을지 몰라도 아이들에게는 부담으로 작용하기 쉽다.

전집은 여러 작품을 함께 묶다 보니 실제로 필요한 내용이 아닌데도 구색으로 갖춰진 작품이 생긴다. 같은 제목의 책이라도 여러 출판사의 것을 비교해서 가장 잘 된 작품을 고르는 것이 좋다. 우리말 체계를 배우려면 제대로 번역된 것을 골라야 하기 때문이다.

책을 미리 많이 사주는 것도 좋은 방법이 아니다. 책을 많이 사서 책꽂이에 꽂아두면 아이들의 독서 욕구가 높아지기 힘들다. 부모가 봤을 때 아무리 좋은 책이라도 아이들은 자신이 읽기 싫은 책은 손도 안대는 경우가 많다. 책을 고를 때는 부모와 아이가 함께 가서 고르는 것이 바람직하다.

책을 사는 것보다 빌려 보는 것도 좋은 방법이다. 돌려줘야 하는 마감 시간이 있을 경우 책을 더 열심히, 집중해서 보는 경향이 있기 때문이다. 집에 놔두고 계속 읽을 책은 꼭 사야 되지만 한 번 읽을 책은 빌려서 보게 하는 것이 났다.

배경지식을 많이 알고 있다고 글을 잘 쓸 수 있는 것은 아니다. 머릿속에 여러 지식을 갖고 있다고 해도 언제 어떻게 꺼내야 할지 모른다면 그 많은 지식은 소용이 없다. 알고 있는 지식을 제대로 글쓰기하는 것이 중요하다. 배경지식 공부는 출력을 어떻게 할지 고민하는 데부터 출발해야 한다.

2002년 말 서울대는 '글쓰기 센터'를 만들었다. 배경지식이 많은 집단으로 첫손에 꼽히는 서울대 학생들도 별도의 글쓰기 교육을 받고 있다. 당시 정운찬 서울대 총장은 글쓰기 센터의 필요성을 이렇게 강조했다. "창의적인 인재양성을 위해 자신의 생각을 논리적으로 명확하게 표현하고 전달할 수 있는 글쓰기 훈련을 해야 한다." (연합뉴스 2002년 12월)

실제 서울대 입학생들의 리포트에는 주어와 동사가 일치하지 않거나 글에 일관성이 없는 경우가 많이 있다고 한다. 이들은 수능 또는 논술고사를 준비하는 과정에서 교과과정의 지식을 비롯한 배경지식을 공부했는데도 별도의 글쓰기 지도를 받고 있다. '풍부한 배경지식'이 곧바로 '글쓰기'로 연결되는 '해결사'가 아님을 입증하는 현실이다.

알고 있는 지식보다는 지식을 활용해 어떻게 문제를 해결하느냐가 더 중요하다. 배경지식은 논술 문제 해결을 위해 꼭 필요한 전제조건이지만 전부는 아니라는 걸 명심해야 한다.

독서 교육으로 책을 많이 읽으면 사고 체계가 성장하고 머릿속에 지식이 많이 늘어난다. 실제 학습이나 토론 과정에서 독서량은 밑천으로 작용한다. 그러나 글쓰기에서는 양상이 다르다. 지식이 많다고 해서 글쓰기가 바로 되는 것은 아니기 때문이다. 글쓰기만큼 개인차가 심한 것도 없을 것이다. 글쓰기는 국어, 독서, 토론 등과 밀접한 연관을 맺지만 동일하지는 않다.

2009 개정 교육과정 국어과의 성격 및 목표에 대한 이해

1. 들어가는 말

> "과거 경영에서의 키워드는 '관리(management)'라는 말이었다. 그런데 현대 경영에서의 키워드는 '소통(communication)'이라는 말로 변했다. 중요한 것은 미래 경영의 키워드 또한 '소통(communication)'이라는 것이다." 이것은 세계적 경영학자 피터 드러커의 말이다.
> 미래 사회의 환경과 관련해서 교육과정 또한 소통의 현상으로 보는 안목이 필요하다. 교육과정은 지식 사회의 소산 가운데 그 어느 것보다도 직접적으로 중요한 '사회 자본'의 기능을 수행하기 때문이다. 교육과정은 어떤 미디어보다도 중요한 소통체[media]로서의 역할을 한다. 소통 작용이 없는 교육과정은 죽은 교육과정이 되기 십상이다. 그런 점에서 앞으로의 교육과정은 그 자체가 '살아 있는 유기체'로서의 성격을 지니면서, 자신을 둘러싼 생태 환경과 왕성하게 소통하는 것이 되어야 한다. 교육과정은 교육 내부의 여러 요소와 내적 소통은 물론이고, 교육 바깥의 현상들과 수많은 소통 코드를 가짐으로써 그 살아 있음을 증명한다. 시름시름 앓거나 죽어가는 교육과정을 소통의 사회가 용납하지 않을 것이다.[17]

이 말은 교육과정의 유용성에 대한 논의 관점들이 다양해질수록 교육과정을 소통 현상의 바탕에서 보아야 한다는 이야기이다. 과거

---

17) 한국교육과정평가원 웹진 33호 「소통의 마인드로 교육과정 통찰하기」(2007년 3월호), 경인교육대학교 국어교육과 교수 박인기.

우리 교육과정은 국가 권력에 의해서 그 유용성을 담보 받아 왔다. 특정의 교육과정이 얼마나 유용한 것인지를 논하는 담론들이 더 다양해지고, 이러한 담론 주체가 종전에는 교육계 내부의 사람들이었다면, 앞으로는 더 많은 사람들이 왕성하게 참여하게 될 것이다. 이는 모두 교육과정의 소통성이 얼마나 중요한 것인지를 보여 주는 것이라 할 수 있다.

이러한 소통성을 강조하는 2009 개정 교육과정에 따른 각과 교육과정은 지난해 8월 고시 361호로 개정 공포되었다. 또한 금년 3월에는 고시 2012-3으로 총론이 수정 고시되었다. 아울러 7월에는 총론 및 각과 교육과정이 또다시 수정 고시 될 예정이다. 2007 개정 교육과정의 개선 요구 사항 중 가장 큰 요구 사항은 바로 학습량의 과다함과 난이도이다. 현행 2007 개정 교육과정에서는 교육과정이 의도하는 바와는 달리 학습량 자체가 매우 많다. 이는 2009 개정 교육과정의 학습 부담 경감을 통한 학습의 효율성 제고 측면과는 부합되지 않는다. 따라서 개정된 각과 교육과정에서는 학습의 절대적 학습량을 줄이고 난이도를 낮추었다. 학습량이 과다하고 내용의 난이도가 높았을 때 학생은 학습에 대한 흥미를 잃게 되고 교사도 설명 위주의 수업전개를 하게 되는 구조적인 한계를 지니게 된다. 이에 2009 개정 교육과정에 따른 각과 교육과정에서는 총론의 방침과 맞게 학습량의 감축과 난이도의 조절을 중심으로 개정되었다. 더불어 변화된 사항 및 시대·사회의 적합성 여부를 검토하여 다양한 요구들이 반영되었다.

즉, 2009 개정 교육과정에 따른 각과 교육과정에서는 내용 선정의 타당성 및 내용 조직의 적절성, 그리고 교수·학습의 가능성을 재검토 하고 개선하는 방향의 개정이 이루어졌다.

2. 2009 개정 교육과정에 적합한 국어과 교육과정 개발

1) 각과 교육과정 개발

2009 개정 교육과정의 가장 큰 특징은 바로 학년군과 교과(군)이다. 특히 학년군의 경우 기존의 학년 단위의 교육과정 운영이 아닌 두 개의 학년을 묶어 교육과정을 운영하도록 하였다. 그런데 왜 학년군 단위의 교육과정을 운영하는 것일까? 여기서 말하는 비슷한 발달단계를 묶는다는 것은 무엇일까? 아마도 이는 교과 교육과정 20%의 증감 비율을 확대하기 위한 방안 중 하나일 것이다.

3~4학년군 국어과의 경우 기준 시수는 408시간이다. 2007 개정 교육과정의 학년을 기준으로 한다면 4학년의 경우 204시간이므로 최대한 40시간 정도를 증배하여 운영할 수 있다. 그러나 학년군으로 파악한다면 408시간의 20%는 80시간이나 된다. 80시간이면 주당 2.5시간 정도의 영향력을 가질 수 있다.

학년군에 따른 교과교육과정 20% 증감은, 2009 개정 교육과정이 추구하는 선택과 집중을 통한 비표준화된 교육과정을 운영할 수 있는 보다 효율적인 장치이다.

총론의 학급별 편제와 시수 배당에 제시된 학년군 단위의 개발은 2009 개정 교육과정의 체제를 각과 교육과정에 적용하여 일관성 있는 시스템을 구축하고자 했다. 더불어 이러한 체제는 집중 이수제를 효율적으로 운영하는 데 적합한 교과 교육과정으로 전개하였다. 교과용 도서의 개발을 살펴본다면 더욱 분명해진다. 학년군 교육과정 운영의 자율성을 위해 4책으로 구분하여 교과서를 제공할 예정이다. 기존의 학기 단위 교과서 제공이 아닌 4책 형태로 제공하여 필요한 부분을 먼저 학습할 수 있도록 하였다.

2) 국어과 교육과정 개정의 배경

가. 국가 · 사회적 요구

- 사교육비 경감을 통한 사회적 비용의 축소
- 미래 사회를 대비하기 위해 창의성과 인성을 갖춘 인재 육성의 필요
- 다문화·다민족·글로벌 사회에 대한 준비로서 국가 정체성 교육 강화가 필요
- 전 지구 관심사에 대한 대응으로서의 녹색성장 교육 강화 필요
- 진로 집중 과정 운용에 적합한 선택 과목의 재정비 필요

나. 국어교육 내의 요구

- 학습자 발달 수준에 맞는 국어 교육과정 적정화의 필요
- 학년군별 성취 기준의 구체화 필요
- 보통 교과와 전문 교과의 중복을 피하고 연계성을 강화할 필요
- 국어 선택 과목의 내용 영역 간의 자연스러운 결합 도출의 필요
- 교육과정과 대학 입시의 연계성 확보가 필요

3) 국어과 교육과정 개정 방향과 중점

가. 교육과정 개정의 전체 방향

- 기존 영역의 통합을 고려한 교육과정 구성
- 국어과의 지속적 추구 목표인 '창의적 국어 능력 함양'과 최근의 사회문화적 변화에 대처한 '국어문화 향유 능력 함양'을 추구하는 교육과정
- [공통 교육과정] 학년군 설정을 통한 위계성과 수준의 적절성 및 구체성 확보
- [선택 교육과정] 공교육의 활성화, 개별화 학습의 구현

나. 국어 교과 관련 국가 · 사회적 요구 반영

- 새로운 비전과 가치를 창출하고 이를 이웃과 소통할 수 있는 국어 능력 함양
- [창의 · 인성 교육] 인성을 겸비한 창조적 지도자 교육
- [녹색 성장 교육] 생태적 감수성과 소통능력을 지닌 시민 교육
- 다문화 · 글로벌 사회에 적합한 국가정체성 교육

다. 내용 연계성 강화 및 양과 수준의 적정화

- 학년군 간 내용 연계성 강화
  * 학년별 성취 기준 제시 방식에서 학년군별 성취 기준 제시 방식으로 전환
- 교과 간 내용 연계성 강화
  * 공통교육과정 기간 조정(10학년 → 9학년)에 따른 공통 과목과 선택 과목 간의 내용
    재조정 및 연계성 확보
- 교육 내용 양의 적정화
- 학습량의 적정화
  * 학년군 · 교과군을 고려한 최소 필수 학습 내용을 정선함으로써 교과 내용을 약 20%
    정도 감축 조정
  * 고교 선택 과목의 각 과목별 이수 단위가 5단위로 단일화된 점을 감안하여 내용 적정화

라. 교과목별 성취 기준의 구체적 제시

- 교육과정 문서 체제의 구체화 및 명료화
- 교육과정 구성 취지와 학습자의 문화적 · 사회적 경험 관련 내용의 구체적 제시
- 언어 능력과 언어 학습 태도의 증진이라는 목적 및 목표의 구체적 제시

3. 국어과 교육과정의 개정 내용 비교

1) 2009 개정 교육과정의 성격

구분	2007 개정 교육과정	2009 개정 교육과정
성격	초등학교에서는 국어를 정확하고 효과적으로 표현하고 이해하는 능력과 국어 활동을 통한 사고력과 상상력을 기르는 데 중점을 둔다. 또한 국어에 대해 관심을 가지고 국어 활동을 즐기고 국어를 존중하는 태도를 강조한다.	**1. 국어** **1. 추구하는 인간상** 　우리나라의 교육은 홍익인간의 이념 아래 모든 국민으로 하여금 인격을 도야하고, 자주적 생활 능력과 민주 시민으로서 필요한 자질을 갖추게 하여 인간다운 삶을 영위하게 하고, 민주 국가의 발전과 인류 공영의 이상을 실현하는 데 이바지하게 함을 목적으로 하고 있다. 　이러한 교육 이념을 바탕으로, 이 교육과정이 추구하는 인간상은 다음과 같다. 가. 전인적 성장의 기반 위에 개성의 발달과 진로를 개척하는 사람 나. 기초 능력의 바탕 위에 새로운 발상과 도전으로 창의성을 발휘하는 사람 다. 문화적 소양과 다원적 가치에 대한 이해를 바탕으로 품격 있는 삶을 영위하는 사람 라. 세계와 소통하는 시민으로서 배려와 나눔의 정신으로 공동체 발전에 참여하는 사람

⇒ 위계성 및 수준의 적절성·구체성 확보

　'성격'과 '내용'이 중첩된다는 지적이 있어 2009 국어과 교육과정에서는 '성격' 항목을 제외하였다. 그리고 국어 교과의 목표를 제시하기에 앞서 '추구하는 인간상'과 '학교급별 교육 목표'를 제시하였다.

2) 2009 국어과 개정 교육과정의 목표

구분	2007 개정 교육과정	2009 개정 교육과정
목표	국어 활동과 국어와 문학의 본질을 총체적으로 이해하고, 국어 활동의 맥락을 고려하면서 국어를 정확하고 효과적으로 사용하며, 국어 문화를 바르게 이해하고, 국어의 발전과 민족의 국어 문화 창조에 이바지할 수 있는 능력과 태도를 기른다. 가. 국어 활동과 국어와 문학에 대한 기본적인 지식을 익혀, 이를 다양한 국어 사용 상황에 활용하면서 자신의 언어를 창조적으로 사용한다. 나. 담화와 글을 수용하고 생산하는 데 필요한 지식과 기능을 익혀, 다양한 유형의 담화와 글을 비판적이고 창의적으로 수용하고 생산한다. 다. 국어 세계에 흥미를 가지고 언어 현상을 계속적으로 탐구하여, 국어의 발전과 미래 지향의 국어 문화를 창조한다.	국어 활동과 국어와 문학을 총체적으로 이해하고, 국어 활동의 맥락을 고려하여 국어를 정확하고 효과적으로 사용하며, 국어를 사랑하고 국어 문화를 누리면서 국어의 창의적 발전과 국어 문화 창조에 이바지할 수 있는 능력과 태도를 기른다. 가. 국어 활동과 국어와 문학에 대한 기본적인 지식을 익힌다. 나. 다양한 유형의 담화와 글을 비판적이고 창의적으로 수용하고 생산한다. 다. 국어의 가치와 중요성을 인식하고 국어 생활을 능동적으로 하는 태도를 기른다.

⇒ 7차에서 2007 개정 교육과정 개정 시 목표를 학습자 중심으로 제시하였던 것처럼 2009 개정 교육과정에서는 총괄(전문) 목표에서 국어과의 인성 교육 목표 명시하고 구체적 하위 목표에서 영역별 목표를 학습자 중심으로 제시하였다. 영역별 정의적 특성 반영하여 인성 교육을 강화하였다.

3) 2009 국어과 개정 교육과정의 성취기준

성취 기준의 변화는 이번 개정 교육과정의 가장 큰 변화이다. 2007 개정 국어 교육과정의 성취기준은 학년단위로 제시되었으나 2009 개정 국어 교육과정의 성취기준은 학년군에 따라 제시되었다.

3단계의 성취기준, 즉 학년군 성취 기준, 영역 성취 기준, 내용 성취 기준으로 제시되었다. 아래는 예로 1~2학년군 성취 기준이다.

일상생활과 학습에 필요한 초보적 국어 능력을 갖춘다. 자신의 경험을 바탕으로 국어 생활에 즐겁게 참여하며 국어 생활에 대한 관심을 자기 주변에서 찾는다. 대화와 발표 상황에 바른 자세로 즐겁게 참여하고, 글을 정확하게 소리 내어 읽으며, 자기의 주변에서 보고 느낀 것을 글로 쓴다. 기초 어휘를 익히면서 국어에 대해 관심을 가지고, 문학이 주는 즐거움을 경험한다.

듣기·말하기의 영역별 성취 기준은 다음과 같다.

일상생활이나 학습 상황에서 바르고 적극적인 자세로 귀 기울여 듣고 말하며, 고운 말, 바른말을 사용하려는 태도를 지닌다.

듣기·말하기의 영역의 내용 성취 기준은 다음과 같다.

(1) 다른 사람의 말이나 이야기를 귀 기울여 들으며 내용을 확인한다.

앞에서도 제시하였지만 성취기준의 수가 139개에서 97개로 축소되었다.[18] 이는 단원의 축소로 교육내용의 적정화에 크게 기여할 것이다. 성취 기준의 제시 방식도 종래의 국어과 목표, 담화/글/언어자료/작품의 수준과 범위, 학년별 영역별 성취 기준, 내용 요소의 예의 순

---

18) 일반적으로 성취기준 1개의 단원으로 가늠할 수 있다. 6학년 기준 한 학기 읽기가 7단원, 듣말쓰 7단원으로 한 학기에 14단원, 한 학년에 28개로 볼 때 6개 학년을 적용한다면 약 168단원이다. 이 중 중복되는 요소를 뺐을 때 139, 즉 139개의 성취 기준이 있다.

으로 제시하던 것을 국어과 목표, 학년군 성취 기준, 영역 성취 기준, 내용 성취 기준, 내용 성취 기준에 대한 해설, 학년군별 국어 자료의 예의 순으로 제시함으로써 성취 기준 간 위계성과 연계성을 명료화하고 구체화하였다.

읽기의 실제 ▸ 정보를 전달하는 글 읽기 · 설득하는 글 읽기 ▸ 사회적 상호 작용의 글 읽기 · 정서 표현의 글 읽기		읽기의 실제 ▸ 다양한 목적의 글 읽기 - 정보를 전달하는 글 읽기 - 설득하는 글 읽기 - 친교 및 정서 표현의 글 읽기 ▸ 읽기와 매체		
지식 ◦ 소통의 본질 ◦ 글의 특성 ◦ 매체 특성	**기능** ◦ 내용 확인 ◦ 내용 추론 ◦ 평가와 감상	**지식** ◦ 읽기의 본질과 특성 ◦ 글의 유형 ◦ 읽기와 맥락	**기능** ◦ 낱말 및 문장의 이해 ◦ 내용 확인 ◦ 추론 ◦ 평가와 감상 ◦ 읽기 과정의 점검과 조정	**태도** ◦ 가치와 중요성 ◦ 동기와 흥미 ◦ 읽기의 생활화
맥락 ◦ 상황 맥락 ◦ 사회 문화적 맥락				

2007년 개정 교육과정의 내용 요소 범주에서 제외되었던 '태도' 범주를 다시 설정하였다. 7차 교육과정에 있던 '태도' 범주가 2007 개정 교육과정에서 삭제되었던 이유는 특정 학년의 성취 기준으로 제시됨으로써 특정 학년, 특정 영역에서만 태도가 형성될 수 있다는 잘못된 인식을 심어 줄 수 있다는 점과 태도와 관련되는 유사한 성취 기준이 반복되는 문제점 때문이었다. 이런 사정을 고려하여 2009 국어과 교육과정에서는 '태도'를 내용 요소 범주의 하나로 설정하되, 성취 기준에서는 '~을 알고(지식), ~을 익혀(기능), ~하는 태도를 기른다(태도).'와 같이 지식, 기능, 태도를 종합적으로 서술하는 방식을 취하는

경우도 가능하다고 보았다.

글의 수준과 범위
◦ 글의 목적이나 글의 분위기가 다른 짧은 글 ◦ 일상생활에서 접할 수 있는 대상을 쉽게 설명한 글 ◦ 재미있는 이야기나 생활문, 웃음을 유발하는 이야기 ◦ 즐거움, 기쁨, 슬픔, 분노 등의 감정을 표현한 글

[영역 성취 기준]
글을 소리 내어 유창하게 읽으며, 읽기의 즐거움을 경험하고 글을 즐겨 읽는 태도를 지닌다.

성취 기준	내용 요소의 예
(1) 글의 분위기를 살려 효과적으로 낭독한다. (2) 설명하는 글을 읽고 내용을 파악한다. (3) 재미있는 글에 나타난 상황을 상상한다. (4) 감정을 표현하는 글을 읽고 글쓴이의 감정을 파악한다.	(1) 생략 (2) ◦ 대상을 설명하는 표현의 특성 이해하기 ◦ 설명하는 대상과 관련된 내용을 정리하기 ◦ 설명하는 글이 필요한 상황 이해하기 (3) 생략 (4) 생략

[내용 성취 기준]
(1) 글자의 짜임을 이해하여 글자를 읽고, 읽기에 관심을 가진다. 글자의 짜임을 이해하여 글자를 읽는 것은 글자의 해독 능력을 신장시키는 데 도움이 된다. (생략) (2) 이하 생략

국어 자료의 예
(글) - 우리말 자음과 모음의 짜임을 다양하게 보여 주는 낱말 - 이하 생략

2007 개정 교육과정에서는 학년별, 영역별로 4개의 성취 기준을 제시하였으나, 성취 기준에 따른 내용 요소를 4가지 제시하여 성취 기준의 수가 과다하였다. 2009 개정 교육과정에서는 영역별로 제시된 내용 성취 기준으로 제시하여 성취 기준수를 축소하였다.

4. 맺는말

학생들이 타인을 존중하고 배려하는 공동체적 인격과 품성을 갖도록 가르치는 것은 우리 사회의 당면한 과제다. 교육과정 개정에서 인성교육 내용을 강화시키는 것이 근래 문제시 되고 있는 학교폭력근절의 한 대책으로 여겨지고 있는 상황이다.

총론의 방침에 맞게 학습량 감축과 난이도 조절을 중심으로 개정된 2009 개정 국어과 교육과정은 교과별 성취기준 감축을 통해 교과별 내용 재구성과 맞춤형 교과 강화 프로그램의 운영이 가능하게 되었고 영역별 정의적 특성 반영하여 인성 교육을 강화하였다.

좀 더 가벼워진 국어과 교육과정을 가지고 블록타임제·집중이수제와 같은 다양한 형태의 융통성 있는 수업방법을 통해 학생 개성 발현과 창의적 마인드를 바탕으로 과정상에서의 인성요소 함양들이 결국에는 학생의 자기 주도적 학습력 향상과 교육의 궁극적인 목표인 창의·인성 함양의 교육효과를 가져올 수 있을 것이다.

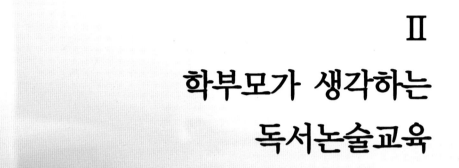

Ⅱ
학부모가 생각하는
독서논술교육

어떻게 책 읽는 게 싫을 수 있니?

학부모 이미희

1. 처음에는

내 딸은 초등학생이다. 또래의 친구들이 그러하듯 잘 먹고, 잘 자고, 잘 놀고, 욕심 또한 함지박 속 햅쌀만큼 그득한, 칼라믹스처럼 말랑말랑한 1학년. 하지만 녀석이 유난스럽게 싫어하고 욕심내지 않는 것이 있다. 그건 바로 **책**. 핑계 같지만 딸아이의 생후 4개월부터 학교에 입학하기 전까지 나는 일하는 엄마였다. 녀석은 세 살까지는 이모의 손에 맡겨졌었고, 네 살부터는 어린이집과 유치원에 다니며 함께 사는 사회를 최초로 경험하게 되었는데, 엄마를 닮았는지(흐뭇) 녀석 또한 네 살에 한글을 마스터하며 집안의 천재로 등극하게 된다. 하지만, 내 딸은 특별한 관심 없이도 잘 할 거야라는 믿음이 너무 과도했던가. 정신을 차리고 보니 작게 오물거리던 입술로 가나다라를 읊고, 비뚤배뚤한 글씨로 엄마 사랑해요를 외치던 나의 사랑스러운 천재는 어느새 사라져 버리고, 친구를 좋아하고 노는 걸 하염없이 갈구하며,

엄마의 진정한 친구인 책은 죽어라 멀리하는 여덟 살짜리 고집쟁이 꼬마만 남아 있던 것이었다.

책. 반짝이는 다이아몬드보다 더 사랑스러운 내 책들. 오래된 책들의 퀴퀴한 냄새마저 사랑하는 나. 이 나의 딸이 책을 싫어할 수 있다니, 절망이었다. 네 명의 언니와 오빠 덕분에 다섯 살에 한글을 떼고 독서계에 입문하여, 한때 활자중독의 고지에도 사뿐히 등극했던 화려한 독서인생 40년 사상 최강의 적을 만났다. 딸아, 사랑하는 내 딸아! **어떻게 책 읽는 게 싫을 수 있니!!!**

비록 일상에 매어 상상 폴폴 창작동화도, 기대 만점 전래동화도 몇 번 읽어 주지 못하긴 했지만, 그랬지만…… 네가 엄마 배 속에 있을 때 엄마가 얼마나 많은 책을 읽었는지 아니? 널 위해 서른이 넘는 나이에 250권짜리 소년소녀 세계명작동화를 재독하고, 심지어는 침침한 눈을 비벼 가며 글자 없는 그림책까지 뚫어져라 탐독했었는데, 그랬는데…… 네가 양심이 있다면 최소한 책을 싫.어.하.지.는 않아야 하는 거 아니니? '시곗바늘의 6과 12가 왜 함께 있지 못할까요?'라는 문제에 '헷갈려서'라는 답은 너도 너무했다고 생각하지?

사랑하는 내 딸. 이기적인 엄마로 인해 읽는 즐거움을 깨우치지 못한 가여운 딸을 위해 엄마는 결심했단다. 무한한 상상과 꿈을 주는 독서의 세계로 엄마는 너와 함께 달려갈 거야. 힘들지만 차근차근 가다 보면 언젠가 너도 엄마가 행복하게 뛰어놀던 아름다운 책 세상을 만날 수 있을 거란다. 그날이 올 때까지 우리 함께 파이팅!!

2. 이렇게 했어요

　학기 초에, 재주 없는 엄마의 전형인 나는 그나마 좋아하는 게 책이었기에, 학교 도서도우미 활동을 결심하고 시행하게 되었다. 그것도 부회장이라는 거창한 감투와 함께. 일 년에 여덟 번, 하루 네 시간씩 도서 정리와 대출 및 반납, 청소하는 일을 하게 되었는데, 처음 도우미를 하던 날. 나는 작지만 소박하고 포근한 도서실에 첫눈에 반해버렸다. 물론 책 정리도 쉽지 않고, 사랑만 듬뿍 받고 자란 남의 집 귀한 자식들을 조용한 독서인으로 이끄는 일 또한 많이 힘들었지만 책이 좋아서, 도서실이 좋아서 즐거운 마음으로 할 수 있었다. 게다가 도서실에서 우아한 목소리와 자태로 즐겁게 책과 벗하는 엄마의 모습을 딸에게 보여 줄 수 있으니 이럴 때 금상첨화란 말을 쓰는 것이리라. 하여 급한 일이 생긴 다른 어머님들을 대신하는 것도 기쁘게 할 수 있었다. 도서실의 엄마 앞에 얌전히 앉아 조용히 책을 읽는 아이의 모습 또한 얼마나 아름다운지……. **1단계** 성공!

　공급이 수요를 감당 못 하는 현실은 세상 어디든 비일비재한데, 이것이 우리 도서실이라고 예외는 아니었다. 읽히고 싶은 책은 모래알처럼 많은데 역시 나처럼(아니 딸처럼) 읽고 싶어 하는 귀한 다른 아이도 눈송이처럼 많고, 책은 없고, 시간은 금이고…… 할 수 없다. **사자!!** 방 안 가득하던 나의 책들을 눈물을 머금고 박스에 넣어 다용도실로 보내고, 대신 쌈짓돈 털어 산, 보기만 해도 행복한 창작, 철학, 전래, 과학, 인물, 애니메이션 등등 열거하기도 힘든 몇 질에 달하는 딸의 책이 그 자리를 차지하게 되었다. 음…… 많이도 샀군. 어쨌든, 그래. 환경이 중요한 거야. 베고 자든 성을 쌓든 그건 네 거다. 맘대로 가지고 놀렴. 출혈은 심하지만 **2단계도**…… 뭐 그럭저럭 실시!

처음 몇 주간은 정말 장난감처럼 책을 다뤄 맘을 졸이게 하더니, 차츰 시간이 지나니 책과 함께 온 CD도 듣고, 책 뒷면의 논술 지도도 끼적이며 살짝 집중하는 모습을 보여 주는 딸. 아, 기쁘다. 내가 이날을 보려고 피 같은 비자금을 털었던 게지. 관심 돌리기 **3단계** 훌륭하게 성공! 하지만 어떤 일이건 과도기는 있다. 얼마간의 시간이 지나자 인내심 부족을 여실히 드러내며, 다시 책을 멀리하는 딸. 작전 변경이다. 전래, 창작, 애니메이션, 인물, 과학, 역사, 수학, 과학…… 좀 더 가벼울 때 읽어 주지 못한 어리석음을 탓하며, 허벅지가 부서질 만큼 부쩍 커 버린 녀석을 무릎에 앉히고 영역별로 한 권씩 책을 읽어 주기 시작했다. 야앗, 싫어도 할 수 없어. 조용히 들으란 말얏! 우여곡절 끝에 **4단계** 가까스로 성공인가?

어쨌건 책을 읽기는 했는데 스무 살이 될 때까지 무릎 위에 앉힐 수도 없고…… 방법을 찾다가 녀석이 끔찍하게 좋아하는 스티커를 이용하기로 했다. 출판사에서 준 스티커 판에 영역별로 다른 스티커를 붙이는 방법으로 책나무 하나가 완성되면 선물을 주는, 일명 당근 작전. 오호, 이거 꽤 쓸 만한 방법이다. **5단계** 훌륭하게 성공!

음…… 일단 그럭저럭 책 읽히는 데까진 성공했는데, 이왕이면 다홍치마라고 아이에게 책 읽기가 도움이 되면 더더욱 좋을 것 같다. 그래야 내가 원하고 아이가 원하는 책 세상 입문이 실현될 것 아닌가. 미술을 좋아하는 녀석에게 꼭 맞는 독후화 그리기를 시행하기로 했다(사실 독후화 그리기나 독서 통장은 담임선생님을 살짝 벤치마킹한 것으로 전문 독서 지도를 교육받지 못한 나로서는 최선의 방법이었다고 생각한다). 그리하여 그림은 제법 괜찮지만 내용은 너무나 어설

픈 녀석의 첫 논술 공부가 시작된 것이다. 아, 감격스럽다! 이 맛에 선생님이 되시나 보다. **한 가지 더!** 독후화와 독서 통장과 더불어 생각해 낸 것이 바로 마인드맵인데, 요건 주로 인물, 즉 위인전을 읽을 때 썼던 방법이다. 어떤 인물을 읽고 떠오르는 사건이나 시대 배경, 등장인물 등을 포도송이처럼 주렁주렁 엮어 가는 방법으로, 음…… 이건 사회과목 공부할 때에도 도움이 되겠군. 마인드맵 또한 책을 산 출판사의 도움을 받아, 이래저래 모방 인생이다. **6단계** 훌륭하게 성공!

야호! 역시 시작은 반이었다! 이제 딸아이는 훌륭하지는 않지만, 재밌다, 슬프다, 기뻤다의 한 마디 감상문에서 벗어나, '생태 도시 쿠리치바처럼 우리나라도 자연을 사랑하고 깨끗한 나라가 되었으면 좋겠다'라는 무려 11마디의 훌륭한(적어도 엄마에겐) 감상문을 쓸 수 있게 되었다. **브라보!!!**

〈우리 집 도서관〉

〈나는 독서 중!〉

〈엄마의 도움을 받아요!〉

〈독서 나무〉

〈독서 통장〉

〈독후화〉

〈마인드맵〉

3. 이렇게 생각해요

도서도우미를 하면서 책을 좋아하고 즐기는 아이들의 모습을 보고 나태한 자신을 채찍질할 수 있게 되었다. 요즘 인터넷이나 게임에 빠져 책을 멀리하는 아이들이 걱정이라고 말들 하지만, 도서실에서 책을 보고 빌려 가는 아이들이 생각보다 많은 것을 알고 놀라웠다. 이렇게 책과 벗하는 어린아이들이 많으면 많을수록 우리나라의 미래는 밝아질 수 있으리라. 비록 혼자서는 이 아이들의 기대를 백 퍼센트 채울 수는 없겠지만, 무엇이 재미있고 어떤 책이 유익한지 도움 줄 수 있도록 노력해야겠다는 다짐을 하게 되었다.

음…… 요즘은 정말 모든 과목에 논술이 적용되더라. 국어를 못하면 수학, 과학 등 다른 과목도 힘들다는 걸 지난 10개월 동안 나는 몸과 마음으로 깨닫게 되었다. '시곗바늘의 6과 12는 왜 함께 있지 못할까요?'라는 1페이지의 문제를 기억하는가? 얼마 전 딸아이는 '헷갈려서'라는 황당한 답 대신에, '직접 바늘을 돌려 봤더니 두 숫자는 만나지 못했다'라는 비교적 과학적인 실험에 근거한 답안을 내놓았다. 이렇게 한 발 한 발 나아가다 보면, 모범 답안지에 쓰여 있던, 긴 바늘의 숫자 6은 몇 시의 삼십 분이기 때문에 작은 바늘은 6과 7의 사이에 위치한다는 지독하게 재미없고 이해 불가능한 답이 아닌, 보다 기발하고 창의적인 답안을 턱 하고 내놓는 날이 오지 않을까?

딸에게 읽는 즐거움을 깨우치게 해 주려 준비도 없이 무작정 떠난 10개월의 독서여행은 딸뿐만 아니라 나에게도 소중한 시간이었다. 처음의 순수함을 잃어버리고 편독의 늪에 빠졌던 나를 다시 돌아볼 수 있게 되었고, 녀석에게 본을 보이려고 읽다가 다시 빠져 버린 비밀의 화원, 빨간 머리 앤, 어린 왕자 등, 헤아릴 수 없이 많은, 보석처럼 빛나는 내 첫사랑들. 아직은 어려 이해할 수 없는 내용이겠지만, 조금만 더 크면 말해 주리라. 수많은 책 속에 담겨 있는 지혜와 혜안을, 학습으로는 찾을 수 없는 진리와 깨달음의 미학을, 책과 벗하며 살아가는 세상이 얼마나 아름답고 행복할 수 있는지.

길다면 길고 짧다면 짧은 무식한 독서 여행은 이로써 훌륭하게 막을 내렸다가 아니라 이제부터 시작이다. 보다 열심히 찾고 노력해서 내 딸에게 맞는 독서법을 찾아내야 하리라. 생전에, 고 정주영 회장은 아침에 항상 설레는 마음으로 눈을 뜬다고 하셨다. 그만큼 삶에 대한 열정이 크셨기 때문이리라. 나도 매일 아침 설레는 마음으로 하루를 맞이할 수 있도록 후회 없는 삶을 살아야겠다. 그 첫 번째 과제가 우리 딸 독서소녀 만들기이다. **이봐, 딸**! 엄마는 지금부터 말랑말랑한 너를 주무르고 반죽해서 반듯하고 지혜롭고 부지런한 책벌레로 만들 거야. **기대하라고!**

독서와 논술의 의미를 깨닫게 된 소중한 시간

학부모 박인숙

기쁘게도 내 아이들이 다니는 학교가 독서논술 중심학교로 선정돼, 학부모들이 독서논술 특강을 들을 수 있는 기회가 여러 번 마련됐다. 재작년에 인천○○초등학교에서도 관내 초등학교 학부모들을 대상으로 한 독서논술 특강이 있었는데, 그때도 참여했었다. 참여 동기는 도서관 도우미로 활동하고 있기도 하거니와 작은 아이가 워낙에 책을 안 읽어서였다. 어떻게 하면 책을 많이 읽는 아이로 만들까, 그 방법을 배우기 위해서였다. 지금도 그 아이는 책을 많지 읽지는 않는다. 그렇지만 어떻게 하면 책을 좋아하는 아이로 만들지 보다 요령 있게 독서 지도하는 방법도 배웠고, 한동안 큰 걱정거리였던 논술에 대한 걱정을 줄일 수도 있어서, 강의가 아주 맘에 들었다. 하여 이런 좋은 강의가 우리 학교에서도 진행돼 많은 부모들이 들을 수 있었으면 좋겠다는 생각을 했었는데, 운 좋게도 올해는 우리 학교에서 그런 좋은 강의를 들을 수 있었다.

내가 몇 차례의 독서논술 특강을 들으면서 갖게 된 가장 큰 성과는, 아이가 책을 좋아하게 만드는 데는 엄마의 공부가 많이 필요하다는 것과 논술 공부는 단지 책으로만 할 수 있는 것이 아니라는 것임을 알게 된 것이었다. 여러 차례의 강연을 들으면서, 나는 그동안 아이에게 어떻게 해서든 책을 읽히려고만 했지 아이가 책을 좋아하게 만들기 위해서는 애쓰지 않았음을 깨닫게 되었다. 그런데 아이가 즐겁게 독서를 할 수 있고 자신의 생각을 쉽게 글로 표현할 수 있게 도와줄 수 있는 여러 가지 방법을 들으면서, 독서가 단순히 논술 시험을 잘 보게 하기 위한 수단이 되어서는 안 되고, 의식주처럼 우리 생활에 없어서는 안 될 요소임을 아이가 스스로 깨닫게 하는 것이 훨씬 더 중요하다는 것을 알게 되었다.

그리고 그렇게 하기 위해서는 많이 생각하고 주위에 있는 것들에 세세한 관심을 기울일 수 있는 사람이 되게 해야 함도 알게 되었다. 그렇게 하면 세상에 대해 궁금한 것이 많아져 책을 안 읽을 수 없을 것이다. 지금 내 아이는 편독을 한다. 역사 만화를 주로 보는데, 강의를 듣기 전 같았으면, 읽기 싫어하는 책들을 무조건 읽어야 된다며 이것저것 권했을 것이다. 물론 잘못된 독서습관을 바로잡아 주는 것도 중요하지만 책 읽기의 즐거움을 빼앗지 않는 것이 더 중요한 것 같다. 그리고 그렇게 잘못된 습관들을 고쳐 나가는 나름대로의 요령이 있음을 알게 되었다.

내가 가장 효과를 본 부분은 글을 짓는 부분이다. 초등학교 아이들이 글을 쓰게 되는 경우는 보통 일기 쓰기와 독후감 쓰기다. 우리도 경험했지만, 아이들도 둘 다 좋아하지 않는다. 특히 일기 쓰기는 1주일에 몇 번은 의무적으로 써야 하는 것인데, 늘 똑같은 일상에서 소재 찾기가 쉽지 않아서 어렵게 느끼게 된다. 그렇기 때문에 소재를 찾는 방법을 가르쳐 주어야 한다고 한다. 자신의 생활에 대해서 쓸 수도 있지만 그날 관찰한 것, 읽은 책 등 다양한 것을 소재로 삼을 수 있다고 한다. 이렇게 소재를 넓혀 주니까 아이들이 일기 쓰기를 덜 어려워하게 되었다. 그리고 독후감 쓰기도 전체 줄거리를 요약하는 것보다 자신의 느낌을 쓰는 것이 중요하다는 것을 알려 주면서, 일상 대화 속에서 자신의 생각을 말하는 훈련을 하도록 애쓰게 되었다.

생각도 훈련인 것 같다. 그래서 나는 보통 아이와 함께 길을 걸을 때, 하늘도 보고 꽃도 보고 나무도 보면서 많은 이야기하는 방법을 사용하기로 했다. 그래서 그런지 며칠 전에는 3학년 된 아들이 길을 가면서 앙상한 나뭇가지를 보더니 '겨울'이라는 시를 지어 보겠다며 들려주었다. 책 읽기도 별로 좋아하지 않을뿐더러 국어 실력이 떨어지는 아이이기에 더욱 놀랐다. 아마 이렇게 조금씩 변화될 것 같다. 세상에 대해 관심도 많이 갖게 되고 책에도 분명 관심을 갖게 될 것으로 믿는다.

그리고 ○○초등학교에서 듣게 된 논술특강 중 가장 기억에 남는 것은 인화여고 선생님인 오석균 선생님의 강의였다. 영화를 보면서 영화의 주제를 찾아내고 영화가 암시하는 사회문제를 찾아보고 자신의 생각을 표현하는 시간이었다. 참으로 신선한 충격이었다. 보통 논술하면 '책으로만 하는 것이다'라는 고정관념을 가졌었는데, 그것을 단번에 깨는 것이었다. 아! 영화를 보면서도 논술 공부를 할 수 있다니…… 논술에 대한 눈이 밝아지는 느낌이었다.

대학 입학시험에서 논술의 비중이 커졌다는 뉴스는, 아직 대입과는 시간상 멀리 있는 초등학교 부모들에게도 큰 충격이었다. 우리 부모 세대가 논술을 배워 보지 못했을 뿐 아니라 논술이 무엇인지에 대해 속 시원히 말해 주는 곳이 어디에도 없었기 때문에 큰 걱정거리였다. 그런데 여러 강사의 설명을 통해 논술은 결국에는 자신의 주장을 논리적으로 쓰는 것임을 알게 되었다. 즉 논술은 얼마나 논리적인 사고를 하고 있음을 입증하는 것임을 알게 되었다.

전에도 어느 강연회에서 들었지만, 논술은 과학적인 사고를 측정하는 것이라고 한다. 그리고 이제 우리 국민 모두 과학적인 사고를 해야 될 때라는 얘기를 들었다. 따라서 아이가 그런 사고를 가지게 하려면 가정에서부터 그런 사고를 할 수 있는 기반이 마련되어야 한다고 했었다. 따라서 오석균 선생님이 제안하는 영화를 통한 논술 공부법이 아주 매력 있게 들렸다. 특히 요즘 아이들은 활자 매체보다는 영상 매체를 선호한다. 그래서 영화를 통한 논술 공부가 아이들이 보다 쉽게 논술 공부에 접근할 수 있는 하나의 방법이 될 것이란 생각이 들었다.

그리고 영화 한 편을 보더라도 생각하는 마음을 가지고 볼 수 있는 자세를 기르도록 부모가 도와주라는 말씀이 큰 자극이 되었다. 우리는 보통 생각을 하기 위해서 영화를 보는 것이 아니라 생각을 잊기 위해 영화를 보는 경우가 많다. 책도 그럴 때가 많다. 또 다른 생각을 끌어내기 위해서 읽기보다는 잡스러운 생각을 잊기 위해서 읽거나 책에서 던져 주는 생각을 여과 없이 받아들이는 경우가 많았다. 그런 줏대 없는 영화 감상이나 책 읽기 자세를 시정할 수 있는 시간이 되어서, 그분의 강의는 내내 잊지 못할 것 같다. 그러면서 엄마들부터 주체적인 삶을 살라고 강조하셨는데, 매번 지당하신 말씀이었다.

그 강의를 듣고 나서 생각해 보니, 전에는 아이들에게 책 읽으라는 말은 했지만, DVD나 영화 보라는 말은 한 번도 안 했었다. 그리고 가끔 만화나 영화를 보여 주더라도 어린이 것이니까 너희들만 보라 그런 식이었는데, 이제는 같이 보고 같이 생각을 나눌 수 있게 되었다. 즉 독서는 공부이고 영화는 오락이라는 생각이 강했었다. 그래서 책을 읽힌 다음에는 독후감을 쓰라든가 생각을 물어보는 경우가 많았지만 영화를 본 다음에는 그렇지 않았었다. 이제는 논술 공부는 책으로든, 영화로든, 그리고 신문으로든 어느 것으로도 가능하다는 열린 마음을 갖게 됐다.

또, 전에는 논술하면 꼭 논술 학원에 다녀서 글을 쓰는 방법을 배워야 할 것이라고만 생각했었다. 그런데 논술이 내 주장을 적는 것이라면 굳이 그렇게 하지 않아도 될 것이라는 생각이 들었다. 그렇다고 밑도 끝도 없는 억지 주장을 적는 것이 되어서는 안 되기에, 독서를 많이 해서 내 주장에 대한 논리적인 근거들을 많이 마련해 두어야 한다는 것을 알게 되었다. 논술에서 측정하는 것은 문제해결력이라고 한다. 문제가 무엇인지를 알아내고 그에 맞는 합리적인 해결책을 모색하는 능력 말이다. 그런 것을 보면 논술의 목적은 수동적인 인간이 아니라 적극적인 인간을 찾아내기 위함이 아닐까 하는 생각이 든다. 그런 의미에서 논술 공부는 대학 입학시험 준비를 위해서가 아니라 긍정적이고 창의적인 사고를 가진 멋진 사람으로 키우기 위해서는 꼭 필요한 교육인 것 같다.

나도 이런 의미를 여러 독서 강연을 통해 깨닫게 되었는데, 아직도 이런 의미를 우리 학부모들에게 정확히 알려 주는 기회가 부족한 것 같다. 앞으로 그런 자리들이 많이 마련되어야 할 것이고, 우리 학부모들도 아이들이 창의적이고 사고력 있는 사람으로 자랄 수 있게 일상생활 속에서 적극 도와야 할 것이다. 나도 강연을 듣기 전에는 무조건적인 책 읽기와 독후감 쓰기를 강요했고, 논술에 대해 무척 불안했었는데, 전문가들의 강의를 듣고는 어느 정도 마음의 여유와 방향을 찾을 수 있었다.

그러고 보면, 논술은 우리가 가야 할 목표 지점이 아니라 창의적인 인간 육성이라는 목표를 달성하기 위한 수단에 지나지 않는 것 같다. 그리고 그렇게 할 수 있는 가장 쉬운 방법이 독서인 것 같다. 따라서 아이들에게만 무조건적으로 논술 공부를 강요할 것이 아니라 우리 시대가 모두 공감하는 논술이 될 수 있도록, 부모에게 독서의 의미, 논술의 의미를 제대로 알려 주는 노력이 많이 필요할 것이다. 그런 의미에서 좋은 독서특강과 논술특강을 들을 수 있는 기회를 마련해 주신 학교에 감사드린다.

가족 간에 행복한 시간을 갖게 해 준 독서논술

학부모 이은애

외국 영화 속에서 엄마나 혹은 아빠들이 아이에게 침대 머리맡에서 잠들 때까지 책을 읽어 주는 모습은 언제 보아도 행복해 보인다. 나에게도 아이들이 글을 알기 전까지는 잠자리뿐 아니라 평상시에도 책을 열댓 권은 옆에 쌓아 놓고 입에 하얀 거품을 물며 구연동화와 손동작을 해 가며 열심인 적이 있었다. 그러나 어느 순간 아이들이 글을 알게 되고 초등학교에 들어가자 책을 읽어 주는 엄마는 사라지고 없었다. 아이들이 스스로 읽기를 바라며 마치 휴지통에 버리듯이 "책 읽었어?", "일기는 썼어?" 하며 물어보기만 할 뿐이었다. 참으로 한심한 생각이 들었다. 막연하게 책을 많이 읽으면 좋고 많이 써 보면 좋다는 말을 들어 이미 알고는 있었지만 책을 읽는 것에 그칠 뿐 글 이외에도 그 속에 담긴 의미를 알아 가기 위한 과정에 한계가 있음을 알았다. 때마침 숭의초등학교에서 학부모 독서논술교육을 한다기에 정말 반가웠다. 경인교육대학 최영환 교수님의 강의는 "배우기만 하고 생각하지 않으면 얻는 것이 없고, 생각하기만 하고 배우지 않으면 위태롭다"라는 공자님의 말씀으로 시작되었다. 나는 고개를 크게 끄덕이며 공감했다. 가장 배우지 않고 가장 덜 읽는 사람이 바로 나라는 점에서 그동안 아이들에게 소홀했던 반성과 함께 배운 것과 또는 나름대로의 방법으로 가족 간에 행복한 시간을 갖게 해 준 사례들을 몇 가지 소개하고자 한다.

한 가지 - 독서 통장을 만들었다. 책 이름, 지은이, 읽은 날짜 등을 기록한 뒤 책을 읽도록 하였다. 책을 읽고 난 뒤에는 독서 통장에 새롭게 알게 된 사실을 글이나 그림(그리기를 좋아하는 큰아이), 만화 등 자유롭게 형식에 구애받지 않고 나타내도록 하였다. 무엇인지 이해가 안 되게 표현한 경우에도 물어보면 충분히 이유가 있고 설명을 하고 있었다. 책의 내용이나 등장인물들의 특징들이 각인되는 효과가 있어 보였다.

글쓰기를 싫어하는 작은 아이에게는 글 속의 주인공이나 등장인물들과 전화하기 놀이도 하였다(엄마가 전화 상대자가 되어 준다). 전화한 내용 중에서 재미있는 내용들을 독서 통장에 기록하게 하며 기록을 도와주기도 한다.

두 가지 - 함박초등학교 남유미 선생님께서 알려 주신 사고력을 키우는 여러 가지 방법 중에 포스트잇에 글의 개요를 만들어 글을 써 보게 하는 것은 훌륭한 논술이 되었다. 긴 글보다는 짧은 글에서 심리적 압박감을 덜 받고 글에 쉽게 접근하는 방법으로 종이가 작아서인지 아이들이 기록하는 것을 정말 좋아했다. 이것을 응용하여 색종이로 여러 가지 궁금한 내용이나 주인공에게 편지 쓰기 등을 적어 집에 있는 벤자민 나무에 걸게 하였더니 수시로 나무 옆에 가서 보고

써 놓았던 것에 다른 질문들과 더 많은 생각을 이야기하였다(예를 들면 "잠자는 숲 속의 공주는 왜 잠자고 있으면서 늙지 않을까?", "잭과 콩나무에서는 콩이 무슨 콩일까?", "토끼와 거북이에서 왜 바다에선 경주를 하지 않나?", "라푼젤은 오랫동안 안 씻었는데 왕자가 정말 좋아했을까?" 등 아이들은 끊임없이 궁금해하고 또 서로 대답해 주며 깔깔거리고 즐거워했다).

세 가지 - 독서 신문 만들기는 종이를 오려 붙이고, 접고 하는 등 또 다른 재미가 솔솔 있었다. 읽고 싶은 책을 신문이나 잡지에 나온 광고지를 오려 붙이기도 하고 유명한 작가나 이달의 표어(예: 2% 지식이 부족할 때 책을 열어~, 한 권 두 권 읽은 책이 참된 진리 쌓게 한다), 아빠의 추천도서, 책에서 나온 단어로 삼행시 짓기 등 다양한 활동을 할 수 있었다.

네 가지 - 뒷이야기 쓰기

아이들의 상상력을 자극하고 글 쓰는 솜씨를 향상시키기 위한 방법으로 동화책 내용의 뒷부분을 자신이 바꾸거나 이어지는 내용을 말하거나 써 보도록 하였다. 처음에는 엄두를 못 내고 우물쭈물했는데 정답이 있는 것이 아니어서 생각되는 대로 마음 놓고 이야기하라고 권유하였다. 지금은 마치 그 책을 쓴 지은이같이 생각이 든다고 으쓱거리기도 한다. 장래에 작가가 될 소질이 있어 보이기도 한다.

책과는 담을 쌓고 지냈던 큰아이. 이제는 책을 읽을 때면 옆에서 불러도 대답을 빨리 하지 않을 정도로 책에 빠져서 지내게 되었다. 놀이를 통한 독서 후 활동은 책 읽는 즐거움과 재미가 어우러져 독서에 흥미를 갖게 하고 독서 활동을 활성화시키는 데 기폭제가 되었다. 엄마와 함께 책 읽기를 하면서 가족들이 TV보다는 책을 가까이하고 나 또한 독서 지도에 관심을 갖게 되었다. 또 독서 후 느낌을 나누는 등 가족 간의 대화도 많아졌다. 아이들도 행복해했고 나 또한 행복했다.

활동을 하며 느낀 것은 아이들에게 책 읽기를 강요하기보다는 함께 참여하고 먼저 독서하는 모습을 보여 모범이 되어야 한다는 것을 절실히 느꼈고 부모들도 부단히 노력하며 배우고 익히고 만들어야 한다. 좋은 교육을 자주 접함으로써 아이들에게 보탬이 되는 부모가 되길 다짐해 본다. 이에 더 많은 연수와 워크숍에 참여할 수 있도록 자리를 마련해 주시기를 부탁드린다.

딸기 도서관에서

학부모 손정애

"애들아, 딸기 도서관으로 와."

저는 종종 두 딸을 딸기 도서관으로 부릅니다. 그리곤 도서관에 나타난 딸들을 바라보며 저녁을 짓지요. 도서관은 바로 저희 집 거실에 있습니다. 저희 도서관 얘기를 꺼내려니 거실에 이 공간을 마련하기까지 제가 자녀들과 책 읽기로 씨름한 일이 떠오릅니다.

큰아이가 옹알이를 할 무렵, 저는 맨 처음 장난감으로 그림책을 택했습니다. 책을 좋아하는 아이로 키우고 싶어서였지요. 신기하게도 아이는 그림책을 뚫어져라 쳐다보았습니다.

"여보, 지연이가 책을 봐요!"

책장을 넘길 때마다 눈동자를 움직이는 큰애의 모습에 무척이나 기쁘고 놀라워서 남편을 불렀던 기억이 지금도 생생합니다. 아이는 책 표지의 그림도 유심히 보고 한 장씩 넘길 때마다 새로 나타나는 그림을 바라보았습니다. 아이의 그런 반응이 신기해서 저는 신이 나 그림에 맞춰 이야기를 들려주었습니다. 그리고 1년 후 둘째가 태어났습니다. 둘째가 태어나자 큰애에게 책을 읽어 주는 일이 어려워졌습니다. 참 미안했지요. 그때 큰애는 종종 책을 만지작대며 읽어 달라는 듯 제게 다가왔습니다. 저는 그럴 때마다 동생을 돌보느라 책 읽기 대신 이야기를 들려주는 것으로 했지요. 그러다가 직장생활을 하게 되었습니다. 직장에 다니게 되니 책 읽기는 거의 주말에나 가능하게 되었습니다. 참 안타까웠습니다. 그렇게 몇 년을 보내고 큰애는 한글을 깨쳐 혼자 책을 읽었습니다. 저는 그저 대견하게만 여기고 독서 지도는 엄두도 내지 못했습니다. 그러는 사이 아이들은 빠르게 성장하고 어느덧 큰아이가 초등학교 입학을 앞두게 되자 마음이 초조했습니다. 그래서 친구나 주위 친지들에게 이것저것 물어보았습니다. 그때마다 선배 학부모들은 한결같이 물었습니다.

"책 읽기는 어떻게 시켜?"

그 소리에 저는 가슴이 철렁했습니다. 안 그래도 책을 자주 읽어 주지 못해 걱정하던 터라 아이에게 말할 수 없이 미안했습니다. 그런 저에게 친구와 친지들은 자신들의 여러 경험을 전했습니다. 좋은 방안이 많기는 했지만 무엇을 어디서부터 시작해야 할지 정말 막막했습니다. 그러나 한 가지 분명한 방향은 정하게 되었지요.

'아이의 생각의 그릇을 키워 주자. 함께 책을 읽자' 하고 말입니다.

저는 자녀의 독서 지도에 필요한 책들을 사서 읽었습니다. 자녀를 옳고 바르게 키우려면 책 읽기를 바탕으로 해야 한다는 말에 저는 부끄러워 고개를 떨구고 말았습니다. 지난 3~4년 동안 저는 책 읽어 달라고 조르는 아이에게 칭찬은커녕 귀찮아하며 "늦게 자면 망태 할아버지 온다" 하고 겁을 준 적도 많았기 때문이었지요. 하지만 저는 좌절하지 않았습니다. 그 순간부터 "아이의 독서 습관은 어릴 적 부모의 노력 여하에 100% 달렸다"는 말을 실천하기로 마음먹은 것입니다.

우선 저는 가정 예산을 새로 짰습니다. 매달 생활비에서 아이들의 책값을 1순위 지출로 정했습니다. 직장생활을 하느라 도서관을 이용할 시간이 나지 않아 아예 읽히고 싶은 책을 구입하기로 한 것이지요. 그리고 거실에 있던 TV를 안방으로 옮기고 거실에 아이 눈높이에 맞춰 도서관을 마련했습니다. 그리고 책장에 하나씩 하나씩 아이들의 책을 늘려 나갔습니다. 재미있게 '딸 하나, 계집애(기지배) 하나'란 뜻의 첫 자를 따서 '딸기' 도서관이란 명칭도 붙였습니다.

그날 이후 저는 퇴근해서 돌아오면 아이들이 낮에 읽은 책에 대해 이야기했습니다. 아이들 얘기를 들어준 다음 제가 아이들에게 새 책을 읽어 주었지요. 두 딸들이 느낀 점을 말하면 크게 칭찬하며 맛있는 걸 상으로 주기도 했습니다. 그러면 아이들은 마치 경쟁이라도 하듯 자신의 생각을 소리 높여 말했습니다. 그런 시간이 많아질수록 아이들은 말을 조리 있게 했고, 다른 사람을 이해하는 마음도 넓어졌습니다. 저는 글쓰기가 서툰 아이들에게 책을 읽은 뒤 그림을 그리게 해 보았습니다. 마음에 드는 장면을 그리거나 주인공을 그리거나, 때로는 책 표지를 그리게 했지요. 아이들은 그런 활동을 참 즐거워했습니다. 제 바람대로 아이들은 생각하는 그릇도 커 갔습니다. 때때로 굉장히 창의적인 생각을 해서 저를 깜짝 놀라게 했습니다.

"엄마, 나는 여우보다 두루미가 더 나쁜 것 같아. 왜 복수를 해야만 했죠?"

이솝우화 '여우와 두루미'를 읽고 큰애가 초등학교에 갓 입학했을 때 한 말입니다.

"와! 우리 지연이 생각 그릇이 매일매일 커지는구나! 참 좋은 발상이야!"

큰애는 엄마의 칭찬에 또 다른 책을 읽고 싶어 하는 마음을 가졌습니다. 그리고 학교에서 배우는 것과 관련된 책을 찾아 읽었습니다. 뿐만 아니라 자연스럽게 독서의 장르를 넓혀 갔습니다. 그 후 저는 차츰 아이에게 간단히 한 줄이라도 독서메모를 하게 했습니다. 그런 습관 덕분에 아이는 글을 참 수월하게 씁니다. 그리고 올해 둘째가 1학년에 입학했습니다. 큰애보다 훨씬 뒤늦게 책을 읽어 주기 시작했지만 아이는 가정 도서관이 생긴 이후 책 읽는 습관을 많이 들였습니다. 요즘 저는 둘째와 책을 읽을 때, 제가 해설을 읽고 딸애는 대화 글을 읽으며 연극하는 느낌을 맛봅니다. 아직 부족한 점이 많지만 저는 나날이 좋아지는 두 딸의 독서습관을 보며 도서관 생활에 보람을 느낍니다. 엄마가 그냥 책을 읽을 수 있는 환경을 만들어 주고, 책에 관심을 갖고, 조금 읽어 주거나 들어주는 것만으로도 아이들의 독서 습관이 몰라보게 좋아지다니! 생각할수록 행복한 마음이 솟아오릅니다.

선진국 학교에서 이뤄지는 독서 지도는 '좋은 환경 속에서 방목하는 것'에 목적을 두고 있다고 합니다. 제 경험으로는 가정도 마찬가지입니다. 아이 손이 닿는 곳 여기저기에 좋은 책을 두어 손을 뻗으면 닿을 수 있도록 만들어 보세요. 유아 시절을 놓쳐 버렸지만 저는 저희 집 1평 도서관을 만든 지 2년도 되지 않아 아이들을 도서관 앞으로 모을 수 있었습니다. 그리고 모여 있는 그 시간이 참 행복합니다.

생활 속의 즐거움 독서

학부모 박미선

아이들을 초등학교에 입학시켜 놓고 저에게는 꿈이 하나 생겼습니다. 가능한 사교육을 하지 않고 우리 아이들을 교육시키는 것입니다. 주위에서는 저에게 '꿈 깨라'고 진심 어린 충고를 하였습니다.

현실적으로 맞지 않는 꿈일 수도 있지만, 독서가 제일 경제적이고 실천하기 쉽고 가장 적합한 방법이라고 생각했습니다.

책 읽기의 중요성은 이미 알고 아기 때부터 꾸준히 실천해 오던 터라 확신이 없음에도 불구하고 일단 겁 없이 달려들었습니다.

먼저 독서 습관을 만들어 주어야겠다 생각했습니다.

유아기 때부터 일주일에 4권씩 배달되는 아이북랜드의 책을 꾸준히 반복해서 읽어 주고, 되도록이면 토요일마다 도서관 나들이를 하였습니다. 인근 화도진 도서관에서 가족 모두 대출증을 만들어 매주 20권의 책을 대출해 읽었습니다. 책을 대출할 때는 엄마가 원하는 책 3권당 아이가 원하는 책 1권씩을 빌려 자기가 선택한 책에 대해 존중해 주고, 또 자신들이 원하면 엄마가 탐탁지 않게 여기는 만화책이라도 빌려 와 읽혔습니다.

매일 방과 후에는 학교 도서실에 들러 책을 읽고 빌려 오도록 하여 서영이는 올해 학교 **다대출** 어린이로 뽑혔습니다.

또한 집에 있는 책들도 석 달에 한 번씩 같은 또래의 이종사촌들과 돌려 가며 읽었습니다. 아이들은 두세 달에 한 번씩 있는 가족모임을 손꼽아 기다리며, 같이 어울려 놀면서 서로 책도 소개해 주고 자기가 느낀 점도 말해 주면서 즐거워했습니다. 시끌벅적한 아이들이 갑자기 조용하다 싶으면 여기저기 누워서 혹은 앉아서 자기가 읽고 싶은 책을 읽고 있습니다. 저는 그런 모습을 보는 것만으로도 행복해지기도 합니다.

다음 단계로 책의 세계로 빠져들도록 유도했습니다.

책의 세계로 빠져드는 준비 단계가 흥미로 시작해서 다독을 거쳐 정독으로 완성된다고 생각했습니다.

서영이는 저학년이라 일단 자기가 좋아하는 책 위주로 수준에 맞는 책을 계속 공급해 주어 다독을 유도하며 교과연계도서를 찾아주고 점차 다양한 분야의 책을 읽도록 유도했습니다. 생활 속에서 쉽게 책을 접할 수 있게 곳곳에 책을 놓아두고, 어디서든 부담 없이 책을 펼칠 수 있게 항상 가방 속에 책을 챙겼던 덕분에 언제 어디서나 스스럼없이 자연스럽게 책을 펼치고 책 읽기를 좋아하였습니다. **즐거운 책 읽기**만으로도 반은 성공했다고 생각했습니다.

중학년이 넘어가면서 좀 더 다양한 책 읽기와 정독을 하도록 해야겠지요.

주영이는 그동안 독서습관이 잡혀서인지 학년이 높아서인지 시키지 않아도 **정독**을 하고 장르를 가리지 않고 집중해서 잘 읽었습니다.

그래서 책의 수준도 꼭 초등학교 수준에만 머물지 않고 가끔씩은 좀 어렵고 깊이 있는 책도 접하게 하고, 아주 두꺼운 책이나 경제, 철학 책도 읽도록 유도하여 성취감을 느끼도록 하였습니다. 교내 독서 행사에서 상을 받는 걸로 외적 동기는 충분했지만 상을 받고 끝나는 단발성 교육이 목표가 아니었기에, 스스로 찾아 읽고 알아 가는 기쁨을 맛보길 바라며 끊임없이 새로운 책을 공급해 주었습니다.

예를 들면 남들이 수학학원에서 다음 학기의 것을 선행학습하고 문제를 풀 때, 주영이는 수학 만화부터 시작해 수학 동화, 수학자의 위인전, 수학자의 이론과 학설을 단계별로 읽다 보니 특별히 따로 수학공부를 하지 않아도 자동적으로 수학에 흥미를 느끼고 수학적 사고력이 생기고 응용력이 생겼습니다. 주영이가 사고력 겨루기 대회에서 동상을 탄 것도 수학 관련 책 읽기의 결과가 아닌가 생각합니다.

이왕이면 좀 더 효과적인 책 읽기를 위해 독서 나들이를 택했습니다.

책 읽기에 재미를 붙인 아이들을 보며 좀 더 효과적인 독서를 위해 적어도 한 달에 한 번 이상 일요일은 읽은 책을 위주로 **체험활동**을 하였습니다. 전시관 탐방이나 공연 관람 등 **독서 나들이**로 책 읽기의 효과를 극대화하려 노력하였습니다.

예를 들어 과학 쪽에 관심을 보이면 그에 관련된 책을 읽고 과학관을 찾아가 여러 기구를 만져 보고 원리를 이해하게끔 도와주었습니다. 설령 돌아서서 바로 잊어버린다 하더라도 반복해서 꾸준히 했습니다. 그래서인지 주영이는 과학탐구사례발표대회에서 탐구방법도 쉽게 접근하고 과정도 논리적으로 표현하여 입상하였습니다.

역사에 관심을 보이면 역사와 관련된 책을 읽고 주제를 정해 거기에 맞는 장소에 가서 유물들을 직접 눈으로 확인하고 역사적 배경을 추정하게끔 하였습니다.

반대로 미술에 대해 전혀 관심이 없어 보이면 쉽게 풀어놓은 미술 책을 읽고 미술관에 가서 숨은그림찾기, 명화 색칠공부와 같은 놀이를 하였습니다.

꼭 교육적인 효과만을 추구했다기보다는 즐거운 가족나들이에 뭔가 보람을 느낄 수 있도록 장소를 아이들 위주로 택했다고 할 수 있습니다. 그래서인지 아이들도 좋아했지만 엄마인 제가 더 좋아하고 상식이 쌓여 가는 것을 느끼며 스스로 흐뭇했습니다.

서영이는 특별히 효과적인 독서를 위해 나만의 책 만들기를 하였습니다.

올해 초등학교에 입학한 서영이는 독서 감상문을 쓰는 대신 나만의 **책 만들기**를 하였습니다. 그리기와 만들기를 좋아하는 서영이의 성향을 고려해서 굳이 딱딱한 독후감을 강요하지 않고 엄마랑 한 달에 한 번씩 월별 필독 도서로 책 만들기를 하였습니다. 책에 대한 흥미를 잃지 않고, 다음 독서에 대한 기대와 즐거움을 안겨 주기 위해 독후 활동은 부담을 가지지 않는 범위 내에서 천천히 재미있게 꾸준히 하기로 했습니다. 그 결과 책 읽기뿐만 아니라 독후 활동도 창의적으로 하며 적극적으로 참여했습니다.

그 결과 글쓰기도 수월하게 이루어졌습니다. 열심히 책을 읽은 덕분인지 독서논술을 따로 배우지 않아도 글쓰기가 자연스럽게 이루어졌고 '562돌 한글날 기념 학생 백일장'에서 둘 다 입상을 하게 되었습니다.

한때 논술을 시켜야 하나 적잖은 갈등을 하다 **차고 넘칠 때**까지 기다리기로 한 것이 잘한 결정이라 여겨졌습니다.

돌이켜 보면 주영이와 서영이가 짬짬이 책을 펼쳐 드는 모습에서 책 읽기가 독서능력을 키우기 위한 것이 아니라 생활 속에서 편안한 친구와 대화하는 것이라는 깨달음을 얻었습니다. 책을 읽을 때 때때로 목적을 가지고 읽기도 하지만, 책 읽기가 공부를 대신하는 수단이라기보다 책 읽기를 좋아하다 보니 공부도 잘하는 결과를 가져온다는 사실을 깨달은 것입니다.

독서능력을 키우는 책 읽기는 다소 부담감을 가지게 되지만, 마음을 키우는 책 읽기는 알게 모르게 감동을 주고 즐거움을 주고 따뜻하고 너그러운 인품을 만든다는 것을 알게 된 것입니다.

지금까지 우리 아이들은 엄마의 꿈을 어느 정도 이루어 주었습니다.

단지 불필요한 사교육을 시키지 않겠다는 단순무식한 꿈이었지만, 독서논술에 대한 제대로 된 교육을 받은 적도 없을뿐더러 뭔가 시대를 역행하는 듯한 엄마의 꿈에 작은 희망을 불어넣었습니다. 그것으로 인하여 아이를 제대로 키우는 것이 어떤 것인가 생각하게 되고 아이들을 키우면서 엄마 자신도 커 갔습니다. 또한 책 읽기가 사고력을 키우고 공부를 잘하게 할 뿐만 아니라, **생활 속의 즐거운 활동**이고 행복 에너지를 충전시켜 주는 생활의 활력소이기도 하다는 것을 확인하게 되었습니다.

앞으로도 살아가면서 독서가 마음의 쉼터가 되고 행복한 만남이 되기를 바라며, 우리 아이들이 더 많은 책을 읽고 더 큰 세상을 바라보며 따뜻한 마음을 키웠으면 합니다.

논술의 기본은 독서

학부모 송미연

1. 들어가며

종이와 펜을 들고 무언가를 써 내려가려면 적지 않게 당황되던 나.
서두는 무엇으로 할까, 무슨 내용을 써야 할까 한참을 고민한 후에
야 겨우겨우 주어진 매수를 채울 수 있었던 어린 시절. 아니 지금도
여전히 글을 써 내려가는 건 두려운 일이다. 이런 마음을 잘 느껴 본
까닭에 아이들에게 글쓰기를 강요하지 않도록 노력하지만 엄마의 욕
심은 끝이 없는 듯싶다.

학부모 연수 등을 통해 배우거나 들은 좋은 방법이다 싶으면 집에
돌아와 꼭 아이들에게 시도해 보려는 마음에 아이들을 귀찮게 하면
들려오는 아이들의 아우성!

"엄마, 이번엔 또 무엇을 배워 와 우리를 실험대상으로 삼으려 하
나요?"

라는 비난 아닌 비난을 들으면서도 꿋꿋하게 나의 생각을 굽히지

않고 시켜 보곤 했었다. 강요가 아닌 아이들 스스로 흥미를 가지고
해 나가야지만 효과가 있을 텐데 억지로 하다 보니 엄마와 아이들 모
두 지치게 되고 단발에 그치는 수가 많았다. 결국, 여러 시도 끝에 내
린 결론은 논술이라고 하면 먼저 딱딱하고 어렵다고만 느끼는 우리
아이들에게 무작정 글을 쓰게 하기보다는 좋은 독서습관을 형성해
주고, 독서가 기본이 되면 자연스레 글쓰기는 완성될 것이라는 생각
에 이르게 되었다.

무엇보다도 책을 읽는 즐거움과 진정한 독서의 맛을 알게 하기 위
해 나름대로 다양한 방법을 궁리하며 더 좋은 방법을 실천하려 여러
가지로 노력했다.

2. 우리 아이들과 함께해 온 방법들

1) 아이가 어느 곳에서든 편하게 책을 읽을 수 있도록 집 안 곳곳에
   책을 두어 책 읽는 환경으로 만든다.
2) 독서의 시작은 책을 고르는 데 있듯이 아이의 독서수준을 생각
   하여 책을 읽을 때 어려움이 없도록 내용과 단어들이 쉽게 이해
   되는 책을 선택한다. 만일 이해되지 않는 낱말이 있다면 따로 어
   휘노트를 만들어 뜻을 알게 하였다. 꾸준히 하다 보면 이해력과
   독해력이 눈에 띄게 좋아지는 것을 보는 즐거움이 있다.
3) 교과서와 연계된 도서나 필독 도서는 꼭 구입하여 아이와 함께
   읽어 본 후 서로의 생각을 이야기하는 시간을 갖는다. 상대방의
   생각을 들으면 논제를 주장할 때 의견을 뒷받침하는 정보를 수

집하고 분석, 평가하는 능력이 생긴다.

4) 독서노트를 만들어 책의 내용을 간략히 요약하고 자신의 생각을 적게 한다. 내 의견을 정리하고 나의 생각에 대한 주장 글을 쓰다 보면 글 쓰는 실력이 향상되는 이점이 있다.

5) 독후화를 그려 보게 한다. 그림 실력이 별로 좋지 않은 우리 아이들은 이 시간을 그다지 유쾌해하지는 않지만, 함께 그림을 그리다 보면 책을 읽는 즐거움이 배가 되곤 한다.

6) 6학년인 큰아이는 4컷 만화로 요약하는 것을 좋아해 책을 읽은 후의 느낌이나 주인공에게 하고 싶은 말을 만화로 마음껏 그려 보게 했다.

7) 친구들과 독서클럽을 만들어 규칙적으로 독서토론을 하는 것도 중요하다.

8) 일기를 쓰게 한다. 성실한 일기 쓰기는 좋은 글쓰기를 위한 밑거름이 될 수 있으므로 일주일에 2~3번은 꼭 쓰게 했다.

9) 신문을 이용한 NIE – 아이들이 기자가 되어 기사도 작성해 보고 광고도 써 보니 신문에 대한 흥미가 많아졌다.

3. 마치면서

　눈에 띄게 커다란 효과는 나타나지 않았지만 이렇게 꾸준히 노력하다 보면 언젠가는 좋은 결과가 오리라는 기대는 하고 있다. 논술은 기본적으로 자신의 생각을 쓰는 글이다. 그러므로 생각하는 힘을 키우는 것이 가장 중요하다고 본다. 그러기 위해서는 풍부한 독서력이 기본이 되어 독서를 통하여 세상을 읽는 눈이 자라야 한다.

　또한, 다양한 배경지식을 쌓게 하고 토론을 통하여 생각을 나누고 그러한 사고의 결과를 글로 쓰는 표현 능력도 습득되도록 해야 한다. 시간이 지남에 따라 글쓰기에 대한 두려움도 떨쳐 내 버릴 우리 아이들을 기대해 본다.

작은 실천

학부모 정경선

도서관으로 비치는 햇살이 눈이 부시도록 따스하다.

싸늘한 날씨에도 아이들은 뭐가 그렇게 즐거운지 공놀이에 잡기놀이, 새로운 놀이를 잘도 만들어 온종일 운동장을 누비고 뛰어다니느라 바쁘다. 한쪽에서는 여자아이들 서넛이 옹기종기 모여 앉아 두런두런 이야기를 나누며 함박 웃음꽃을 피운다. 어느새 나도 아이들의 웃음소리에 동화되어 아이들의 작은 몸짓, 동작 하나에도 즐거워진다. 그래서 도서관 오는 날이 기다려지고 행복하다. 도서관 안에서의 모습, 그리고 책 내음, 책장 넘기는 소리, 웅성거리는 아이들의 목소리가 나를 미소 짓게 한다.

내가 처음 도서도우미 일을 하게 된 건 항상 책과 전쟁을 벌이는 우리 집 두 녀석들 때문이다. 나는 좀 더 다양한 종류의 책을 읽게 하고 싶은데 우리 집 녀석들은 도통 책을 읽으려고 하지를 않는다. 처음에는 잔소리도 하고 얼러서 협박도 해 보고 무던히도 내 속을 어지럽게 만들던 녀석들이다. 책은 절대로 강요와 억압과 윽박질러서 읽힐 수 없으며 더군다나 조건을 걸면서 읽히면 안 된다는 것을 나는 뼈저리게 느꼈다. 나의 처음 시도가 일주일에 3권을 읽으면 얼마간의 용돈을 주기로 하는 것이었다. 당연히 실패였다. 책을 읽고 감동과 재미는 고사하고 의무감에 용돈을 챙기려고 책을 읽기 시작했는데 오히려 책과 더 멀어지게 만들고 말았다. 오히려 게임과 만화에 몰두하고 마치 하기 싫은 숙제를 끝내듯이 건성으로 책을 읽고 용돈을 요구했다. 나의 뼈저린 후회와 반성으로 나의 어린 시절을 되돌아보게 만들어주는 계기가 되었음은 물론이다.

그래, 나 역시도 우리 아이들과 다르지 않은 학창 시절을 보냈으면서 아이들에게 "책을 읽고 커다란 꿈을 가지고 살아라" 하고 말할 수는 없어. 우리 아이들이 "엄마가 학교 다닐 때 제일 감명 깊게 읽은 책은 뭐야?" 하고 물으면 나는 뭐라고 대답을 해 줄 수 있을까! 학교에서, 학원에서 꿈을 키우기도 전에 입시 준비를 해야 하는 우리 아이들의 현실 속에서 책을 많이 읽고 훌륭한 사람이 되라고 말하는 것은 어찌 보면 부모들의 일방적인 욕심과 사회적인 이목 때문은 아닐지. 학원에서 늦은 시간 어깨가 축 처져 들어오는 아들 녀석에게 의무감으로 책을 읽히는 건 아이에게 꿈을 가지라고 말하는 것보다 아이의 날개를 꺾는 일은 아닐는지. 잠시 잠깐이라도 아이가 재미있는 책을 읽고 웃기도 하고, 울기도 하고 그 속에서 작은 행복이라도 느꼈으면 하는 엄마의 작은 바람……

그래서 나는 책장에 어수선하게 꽂혀 있는 책들을 정리하기로 하였다. 놀이의 첫 단계는 창작동화와 명작동화를 한곳에 그리고 전래동화와 역사서, 인물사전 그리고 백과사전을 한곳에, 과학 도서를 한곳에 정리하여 꽂았다. 그다음부터는 본격적인 책과의 놀이. 우선 아이들과 책을 읽고 요약된 내용을 이야기해 주면 책 제목을 맞추고 책꽂이에서 책을 찾아오는 놀이이다. 그다음은 다섯고개, 이것 역시도 책을 읽고 다섯고개로 나누어 질문을 하고 맞히는 과정에서 책 제목을 맞추는 놀이이다. 이 두 놀이 모두 책을 읽지 않고서는 어렵다. 다음으로는 빙고놀이. 책을 읽고 책 속에서 인물이나 사건, 단어들로 빈칸을 채우고 서로 지워 나가기 놀이이다. 5학년과 1학년 남자아이들에게는 다소 유치한 놀이일지도 모른다. 그렇지만 엄마와 같이 앉아서 연속극을 보고 이야기를 나누는 아이들이라면 텔레비전을 책으로 바꾸어 주는 작은 센스. 지금 나는 5학년이 된 큰아이 수현이와 역사책을 같이 읽고 이야기를 나눈다. 그 시절에는 어떤 사건이 일어났으며 왜 그렇게 살 수밖에는 없었는지 예전 같으면 아이에게 책 읽으라고 잔소리를 하거나 화를 내고 있었을 텐데, 작은 생각과 변화로 이제는 나도 아이들 책을 즐겨 읽는 엄마가 되었다.

마음이 답답하고 어지러울 때에는 아이와 같이 재미난 만화책을 보더라도 항상 아이에게 책 읽는 엄마의 모습, 그리고 책 속에는 꿈과 희망이 있다는 것을 아이들에게 작은 실천으로 가르치고 있다. 우리 아이들이 책을 읽고 책 속에서 세상을 배우고 미래를 꿈꿀 수 있었으면 하는 바람으로 글을 마무리합니다.

슬픈 현실

학부모 강현자

　사랑하는 나의 아이들이 강남의 대치동도 아니고 지금의 우리 동네에 살아가면서 강남의 아이들처럼 논술을 잘하려면 무엇을 어떻게 해야 하나? 이런 고민을 하루 이틀 한 건 아니다.

　내가 내린 결론은 의외로 간단하다. 많이 읽고, 많이 생각하고, 많이 써 보게 하는 것이었다. 그러나 나의 아이들에게 책을 많이 읽고, 생각하게 하는 것은 비교적 쉬운 일이었으나, 써 보게 하는 것은 쉽지가 않았다. 아이들이 쓰는 것을 별로 좋아하지 않았기 때문이다.

　처음에는 책을 읽으면 스티커를 주어서 몇 개 이상이면 아이가 원하는 어떤 것을 사 주기도 하고, 책을 한 권 읽으면 도서의 종류에 따라서 삼백 원, 오백 원 등 용돈을 주기도 하였다. 거기에 독서록까지 쓰면 천 원을 용돈으로 주는 방법을 쓰기도 하였다. 또 여러 독후 활동을 하게 하기도 하였다.

　우리가 흔히 알고 있는 방법들이었지만, 독후감 쓰기, 주인공에게 편지 쓰기, 줄거리 이어가기 등등. 또 차량으로 멀리 이동할 때는 차

안에서 "그 동화 엄마한테 이야기해 줄래?" 해서 아이가 그 동화의 줄거리를 이야기하고 또 어떻게 느꼈는지를 이야기할 수 있도록 하였다. 그러나 학년이 높아지고 학원에 다니면서부터 독서량이 많이 줄어드는 슬픔이 있다.

논술은 집에서 엄마가 혼자 해야만 하는 것은 아니다. 학교 수업을 통하여 배워야 할 부분이 더 많다고 생각하고 있다. 특히, 통합 교육이 실시되고 있는 현실에서 독서와 토론과 논술로 이어져야 하는데 현재의 학교 수업에서는 잘 이루어지지 않고 있다. 담임선생님의 관심에 따라서 일주일에 한 번씩 독서록을 제출하는 때도 있었지만, 요즈음은 논술이라는 이슈와는 별개로 공교육 속에서는 독서교육이 제대로 이루어지지 않고 있다.

몇 년 전, 우리 학교가 독서중심학교이었을 때는 독서교육에 관심을 가졌으나, 그 이후에 다른 프로그램의 학교로 지정됨에 따라 독서교육에 별 관심을 가지고 있지 않은 상태에서 학교 도서실에서 학부모 사서 도우미로 봉사하는 나는 독서교육의 필요성과 도서관 행사로 여러 독후행사를 실시하곤 했지만, 별 효과를 얻지 못했다.

사서 도우미 회장으로 봉사하다 보니, 도서실에 필요한 도서를 구입하기 위해 도서를 선정하면서 느끼는 점이 있다. 그것은 교과관련 도서들을 많이 구입하게 되는데, 선생님들께서 수업을 진행하실 때 단원과 관련된 도서들을 먼저 학생들에게 읽게 하고 수업을 진행하신다면, 독서와 토론이 자연스럽게 이루어지며, 또 그것을 여러 방법으로 쓰게 하면 논술까지도 해결될 수 있지 않을까 생각한다. 물론, 이것을 집에서 엄마가 할 수도 있지만 토론은 친구들과 같이 해야 아이들이 더 흥미를 갖기 때문에, 학원에서의 틀에 짜인 논술 사교육보다는 학교에서 선생님들의 관심 속에 공교육을 통해서 선생님들께서 하시는 논술 교육이 더 효과적이라고 생각한다.

이렇게 볼 때, 교과를 외면하고 논술만 잘할 수 있는 방안은 있을 수 없다고 생각한다. 결국 논술을 잘하려면 교과에 충실해야 한다고 생각한다.

이제, 우리나라는 대학교가 학생 선발권을 가지고 있다.

그래서 우수학생을 선발하기 위해서 변별력을 상실한 수능보다 논술을 중요시하는 대학이 많다고 한다.

2년 전, 조카가 연세대 1학기 수시로 입학했는데, 그때도 구술고사를 봤다고 했다. 논술을 잘 준비했기에 구술도 좋은 점수를 받았다고 했다.

이제는 논술과 구술을 같이 공부해야 할 때임이 분명하다.

수시로 변하는 우리나라 입시 정책으로 볼 때, 나의 아이들이 대학에 진학할 때쯤이면 어느 대학에서 무얼 원할지는 아직 모르기 때문이다.

나는 우리 아이들의 논술을 내가 직접 책임져 보자 하는 생각에서 그리고 청소년 복지에 관심이 있어 우리 아이들이 대학 입학 후에 복지단체에서 독서논술지도사로 봉사하고자 "독서논술지도사" 자격증을 땄다. 그러나 현실과 이상과의 괴리에서 허덕이고 있다. 중요한 것은 독서논술지도사 자격증이 있다고 내 자녀를 잘 가르칠 수는 있는 것은 아니라는 것이다. 또 바쁘다는 핑계로 전적으로 나서지는 못하고 있다.

교과를 멀리하고 논술을 잘할 수 없기에, 나는 이제부터는 교과관련 도서를 많이 읽게 하고 사랑하는 나의 아이와 둘만의 토론 시간을 앞으로 많이 계획하고 실천해야겠다.

좋은 이 기회에 학교와 교육청에 건의하고 싶은 것은, 아침 자습시간에 담임선생님 재량으로 실시하고 있는 한자 등의 여러 학습을 내년도부터는 교육청 산하 모든 학교가 "아침독서운동"으로 전개하면 좋겠다고 생각한다.

독서를 많이 해야 논술, 구술, 사고력, 창의력 등 모든 교과 공부도 잘할 수 있기 때문이다.

슬프다!

정서적인 글쓰기는 사라지고, 결국 대학을 가기 위한 하나의 방편이 되어 버린 독서여!

부모로서 해야 할 일

학부모 정길영

'독서논술'이라 하면 훗날 내 아이의 대학 입시와 필연적으로 관련되어 있어서인지 그 말만 들어도 두렵고 버거운 마음이 앞섭니다.

일전 ○○초등학교에서 있었던 학부모 대상 독서논술교육 설문지 마지막 문항이 독서논술을 다섯 음절로 표현하라였는데, 그때 딱히 뭐라고 적지 못하고 머뭇거리다가 마지못해 적어 놓은 것이 <엄><마><의> <인><내>라는 어줍고 창피한 문구였습니다.

교육 끝나고 집으로 돌아오면서 아차! 하고 떠오른 나름 괜찮은 문구가 있었으니, <리><더><의> <덕><목>.

학교도서관대회 행사 때 김미경 작가의 강연에서 '두 명만 모여도 리더가 되라'는 말씀에 강한 감동을 얻어 내 아이를 키우는 의지로 삼았습니다.

미래를 위한 투자 가운데 투자대비 효과가 가장 뛰어난 것이 책이고, 책에는 미래를 예측할 수 있는 지혜가 숨어 있으며, 미래를 예측하는 능력은 인생을 살아가는 데 큰 힘이 된다 합니다.

내가 부모로서 해야 할 일, 아이의 미래를 위해 실어 줘야 할 큰 힘, 바로 독서교육입니다.

아이의 독서교육, 당연히 어렵습니다.

어렵기 때문에 나 또한 손 닿는 부모 교육마다 주저하지 않고 쫓아다니며 배우고, 학교에서 보내 주시는 숙제와 전달 사항은 거스르지 않고 해냄을 원칙으로 합니다.

우리 학교는 'Book-Morning'이란 슬로건으로 '북모닝 365' 독서교육 교재를 시행하고 있는데 우리 아이는 이 교재를 근간으로 엄마가 주는 책을 읽고 난 후의 과제를 재미있게 즐겨하고 있습니다.

일종의 독서퀴즈인데 책을 읽은 후 말로써 엄마가 퀴즈를 내고 아이가 답하고 나면 그 순간으로 끝나지만 퀴즈를 A4 용지에 질문지로 만들어서 주면 아이가 답도 적고 그림도 그리고 무엇보다 이걸 버리지 않고 파일에 차곡차곡 모아 두면 나중에 들춰 보는 재미가 쏠쏠합니다. 또한 그때 읽었던 책에 대한 내용을 돌이켜 볼 수 있고, 그때 적었던 답과 지금의 달라진 생각을 비교할 수도 있습니다.

아이의 논술 능력을 위해 하나 더, 매주 일요일 이른 아침은 아이가 영화 보는 시간.

우리 가족은 영화 보는 걸 좋아합니다.

토요일에 아이와 함께 비디오테이프 대여점에서 직접 영화를 고르게 하고 다음 날 아침 아이는 일요일이지만 평소처럼 일찍 일어나 혼자 영화를 봅니다. 물론 아이가 보게 될 영화를 엄마 아빠는 그 전날 밤에 미리 준비해 둡니다.

아이는 적지 않은 시간 동안 영화를 보면서 저절로 집중력이 늘고, 단순하지 않은 줄거리와 등장인물 간의 관계를 이해하게 됩니다.

영화가 끝나고 아침 식사를 하면서 영화에 대한 무거운 토론이 아닌 가족의 화기애애한 대화로써 토론이 이어집니다.

영화라고 아이한테 다 재미있고 감동이 있는 건 아닙니다.

어떤 영화는 '재미없어'라는 한 마디로 그냥 흘려보내기도 하고 어떤 영화는 방긋방긋한 표정으로 그날 일기에 감상문 형식으로 남기기도 합니다.

그림 동화책, 백과사전, 만화책, 교과 문제집, 잡지책, 신문, 광고 전단지, 드라마, 영화, 사진 등등 아이에게 허용된 활자와 영상으로 된 모든 건 그 나름대로의 의미를 부여한다고 생각합니다.

아이가 보고, 듣고, 읽고, 쓰는 것에 대한 엄마의 관심과 질문 그리고 대화는 아이의 생각과 표현을 키우는 최고의 방법 아닐까요?

엄마와 함께하는 신 나는 글쓰기

　세계무대에서 아름다운 경기를 펼치는 피겨 신동 김연아를 보면서 글쓰기 또한 오랜 기간 훈련과 연습이 뒷받침되어야 멋진 글을 쓸 수 있을 것이라는 생각을 했다. 김연아 선수는 한 편의 공연을 위해 많은 시간 동안 피나는 노력을 했을 것이다. 모든 일이 그렇듯이 하루아침에 이루어지는 일은 없다. 글쓰기를 잘하려면 우선 글을 많이 읽고 많이 써 보는 연습을 꾸준히 해야 한다. 어렸을 때부터 한 줄 두 줄 써 보는 연습을 해야 한다. 단기간에 성과를 보려고 하지 말고 차근차근 준비해야 글쓰기에 대한 자신감을 얻을 수 있다. 나는 아이의 글쓰기 향상을 위해 노력하고 있는 평범한 엄마들 중의 한 사람이다. 그동안 아이와 함께했던 여러 가지 독후활동과 글쓰기 실천 사례들을 아래에 소개해 보고자 한다.

◎ 아이와 함께했던 독후활동과 글쓰기 사례들

1학년

무엇보다 많은 책을 읽어 주었다. 어렸을 때부터 책을 꾸준히 읽어 준 덕분에 1학년에 올라가 바로 글이 많은 책으로 넘어갈 수 있었다. 혼자 읽을 수 있었지만 아이는 내가 읽어 주는 것을 훨씬 좋아했다. 『여우의 전화박스』라는 책을 읽어 주었는데 너무 슬퍼서 나도 모르게 눈물이 나와 아이를 보니 옆에서 눈물을 뚝뚝 흘리고 있었다. 아이는 지금도 가끔 그때 이야기를 한다.

1학년이어서 가볍게 그림일기 쓰는 걸로 글쓰기를 대신했다. 글쓰기보다 이야기를 나누며 "왜 그랬을까?", "그래서 어떻게 됐을까?"라는 질문을 던졌다. 책에 대한 흥미를 유발하는 것이 급선무였다.

2학년

드디어 아이가 책의 바다에 빠졌다. 이 시기에는 『책 먹는 여우』라는 책과 『돌아온 래시』라는 책을 스무 번도 더 읽었다. 일기를 꾸준히 쓰게 했고 학교 신문에 '자전거'라는 일기 글이 실리자 글쓰기에 대한 자신감이 싹텄다. 이 시기에도 아이가 원하면 책을 읽어 주었다. 『명탐정 셜록 홈즈』를 읽고 쓴 '셜록 홈즈 아저씨께'라는 글이 교지에 실렸다. 일기에 만화 그리기, 시 쓰기, 편지 쓰기 등을 활용했다.

3학년

개요 짜기를 가르쳐 주었다. 처음에는 어려워했지만 글쓰기 할 때마다 반복해서 설명해 주었다. 처음, 가운데, 끝을 뼈대로 해서 살을 붙여 쓰게 했다. 주제를 정해 주고 글을 써 보게 했다. '독서'라는 글이 학교 신문에 실렸다. 기회가 있으면 글을 써서 발표하게 했다.

여름방학 과제를 아예 한 권의 책으로 함께 만들었다. <인체 탐험전>을 보고, 영화 <괴물> 소개하기, 선생님께 편지 쓰기, 퀴즈, '달동네 박물관'을 다녀와서, 내가 읽은 책 베스트 7 등을 넣어 그림과 함께 꾸몄다. 『괴짜 선생님 샤를로트 1, 2』를 읽고 '샤를로트 선생님'이라는 미니 만화책을 만들었다.

4학년

반 대표로 글쓰기를 하겠다고 나설 정도로 자신감이 붙은 시기였다. 글쓰기에 재미가 붙었고 글쓰기를 두려워하지 않게 되었다.

학기 중에는 사회과목을 어려워하여 특산물 스크랩, 문화재 스크랩, 인물 스크랩 등을 만들었다. 방학에는 과학을 좋아하는 점을 이용하여 '사이언스 월드'라는 과학 신문을 만들었는데 '에디슨' 소개, 우주의 탄생, 낱말퍼즐, 광고, 과학책 소개, '공룡 탐험전'을 보고, 영화 '트랜스포머'를 과학의 관점으로 보기 등을 실었다.

이 시기에도 아이가 원하면 가끔씩 책을 읽어 주었다.

5학년

학교 홈페이지 학급란에 있는 '독서 논술방'을 적극 활용하였다. 줄거리보다는 책을 읽은 느낌과 생각을 자유로운 형식으로 꾸준히 올리게 했다. 나는 '사이버 도우미' 활동에 지원하여 아이들의 글에 친절한 댓글을 달아 주었다. 나의 활동에 아이가 무척 좋아했다.

학교 도서관에서 『책 만들기』라는 책을 빌려다가 다양한 모양의 책을 만들어 주니 아이가 무척 좋아하였다. 여름 방학 때 서대문 형무소 역사관을 다녀온 후 '서대문 형무소 역사관을 다녀와서'라는 소책자를 만들었다. 『세계역사 이야기 1, 2, 3, 4, 5』를 읽고 '내가 뽑은 베스트 9'을 만들었다. 『초등학생이 꼭 알아야 할 우리 땅 독도』를 읽고 '독도는 우리 땅'이라는 독도 소개 책을 만들었다. 책 모양은 모두 다르게 해서 아이가 지루하지 않게 했다. 담임선생님께서 장애체험 글쓰기를 학교 홈페이지 신문란에 올려 주셨다.

독서는 글쓰기의 시작이다. 매일 밥을 먹듯이 매일 책을 읽어야 한다. 글쓰기를 잘하려면 먼저 책 읽는 습관을 들인다. 그러면 글쓰기 지도가 반은 성공한 셈이다. 글쓰기 지도에는 단시간에 올라가는 엘리베이터가 없다. 한 계단 한 계단 올라가는 길뿐이다. 먼저 아이에게 책 읽기의 즐거움을 알게 해야 한다. 서두르지 말고 천천히 고지를 점령하게 하는 현명한 엄마가 되기로 다짐해 본다.

내가 해 보고 싶던 독서논술

학부모 문혜식

엄마에게 있어서 아이의 교육이란 참 어렵고 심란한 과제인거 같습니다.

어떤 교육이나 마찬가지이지만 오랜 시간 착실히 준비해야 하는 독서논술은 어렵게 느껴지면서도 엄마인 내가 해 보고 싶다는 생각이 드는 분야입니다.

책 읽기를 좋아하는 저였지만 글을 쓰는 게 늘 부족했던 저로서는 아이에게 책을 읽고 글을 쓰도록 유도하는 것이 어려운 숙제입니다.

아이가 태어났을 때 동화 읽어 주는 엄마가 되어야겠다고 결심을 했던 터라 아기가 태어났을 때부터 참 많은 동화책을 읽어 주고 찾아다녔습니다.

내가 읽어 주는 책에 아이가 반응을 보이기 시작하면서는 더욱더 신이 나 책을 골라 주었습니다. 하지만 학교에 입학하고 독서표현을 하게 되면서는 읽은 책을 글로 표현하는 게 아이에게도 어려운 거라는 생각을 하게 되었습니다.

그래서 저는 문화센터에 다니며 열심히 배웠습니다. 하지만 저의 방법이 틀렸는지 아이와 저는 읽는 즐거움 이외에는 계속 힘들어했습니다.

그러다 학교 선생님께서 좋은 프로그램이 있는데 들어 보시겠냐는 말씀을 들었고 그렇게 독서논술 프로그램을 듣게 되었습니다.

처음 만난 선생님께서는 아이들이 선생님과 수업한 여러 가지 결과물을 보여 주시며 어떠한 방법으로 유도하는지를 설명해 주셨고, 무엇보다 우리 아이에게 약했던 글을 쓰는 데 헛갈리는 낱말들을 바르게 익힐 수 있는 좋은 책을 소개해 주셨습니다. 덕분에 우리 아이는 말하는 상황과 달리 글을 쓰는 상황에서 헛갈리기 쉬운 낱말들을 재미있게 익히기 시작했고 바른 언어 사용에도 많은 도움을 받았습니다.

책을 들고 퀴즈를 내는 덕분에 여전히 전 당황하면서도 그동안 내가 얼마나 많은 잘못된 표현을 쓰고 있었는지 반성도 하고 아이에게 인터넷 언어를 쓰지 말라고 강요하지 않으면서도 고쳐 줄 수 있어 다행이다 싶기도 합니다.

그리고 두 번째 만난 교수님께서는 제가 아이에게 잘못된 독서교육을 시키고 있으며 엄마의 욕심으로 아이가 힘들게 욕구를 억제하고 있을 수 있다는 결론을 내렸습니다.

아이가 책을 읽고 독서표현을 쓰는 걸 보면 늘 재미있었다, 주인공이 어떻게 하였다, 나라면 어떻게 하였을 것이다가 내용의 전부였고 그건 아주 간단하였습니다. 1학년 때는 나쁘지 않다고 생각했는데 3학년이 되고 보니 왜 읽은 책의 내용을 다 기억 못 하는지 궁금해지기도 하고 화도 나 너는 도대체 책을 어떻게 읽느냐며 큰소리를 내기도 했습니다. 아이는 읽고 나서 꼭 독서표현을 써야 하느냐고 반문하곤 했습니다. 이 방법에 있어 교수님은 책 내용을 다 말하게 유도하지 말고 내용을 일정 분량씩 끊어 가면서 유도해 보라고 하셨습니다.

이 방법이 우리 아이에게 잘 맞았는지 조금씩 이야기도 길어지고 자신의 생각도 정리하는 방법을 익히게 된 아이는 지금은 제법 잘 정리된 독서표현을 하게 되었습니다.

때로는 책에서 퀴즈문제를 만들어 엄마에게 풀어 보라고 하기도 합니다. 그러면 저도 아이가 놓치고 간 부분을 문제로 내어 정리해 주곤 하였습니다.

또 만화책을 보는 시간이 길어져 고민하던 부분은 영역분류를 해 주라는 교수님의 제안을 받아들여 아이와 의논을 하고 만화책으로 읽은 부분은 반드시 글 책으로 읽도록 유도하였고, 토요일 날을 정해 자유롭게 읽을 수 있는 시간을 주니 아이가 스스로 만화를 줄이고 또 만화를 보더라도 확장된 지식을 얻을 수 있는 책을 찾아 읽는 방법으로 엄마의 고민도 줄이고 아이의 욕구도 채워 줄 수 있었습니다.

또한 인터넷 서점만 이용하여 책을 골라 사 주던 방법을 바꾸어 서점을 데리고 다니며 스스로 책을 골라 읽고 원하는 책은 용돈에서 구입하게 했더니 마일리지까지 챙기며 애착을 보였습니다.

교수님께서는 아빠도 독서에 함께 참여하기를 유도하시며 엄마와의 역할교체도 말씀하셨는데 같은 남자끼리 공유하며 읽는 책은 시간의 문제를 떠나 아이에게 강한 인상으로 남는 것 같아 꼭 읽어야 하는 책은 일정량씩 아빠가 읽어 주도록 하였습니다.

또한 연계 책을 고르는 방법을 제시하고 아이가 궁금해하는 분야는 영화도 찾아 보여 주고 책도 찾아 읽을 수 있도록 도와주었더니 무조건 제시하는 그 어떤 책보다 아이에게 주는 영향력은 큰 것 같았습니다.

　마지막으로 들은 선생님의 사고력 깨우기는 아직 우리 아이에겐 빠른 것 같지만 꼭 유도해 보고 싶은 방법입니다. 책을 읽고 아이 스스로 관점을 달리해 글을 쓰도록 유도하는 방법은 참 좋은 아이디어라고 생각합니다.

　나만 그런지 모르지만 엄마는 구체적 방법을 배우길 원합니다. 그래야 구체적으로 적용하기 쉽기 때문입니다. 그래서 학부모 독서논술 연수는 참 좋은 기회였습니다. 좋은 강사님들의 유쾌하고 명쾌한 설명 덕분에 많은 도움을 받아 아이의 교육을 엄마가 책임질 수 있도록 해 주셨기 때문입니다.

　내년에도 좋은 프로그램을 만날 수 있기를 소원합니다.

내 인생에 없어서는 안 될……

학부모 심재경

제가 이렇게 글을 쓰게 된 동기는 학부모 독서논술 수기 공모가 있는 공문을 받고 선생님께서 살짝 권하셨습니다. 그래서 고민을 좀 하다 우리 작은딸 유빈이와 있었던 감동적인 일을 전해 드리고자 합니다.

저의 작은딸 유빈이는 지금 4학년입니다. 유빈이는 책을 읽는 습관이 잘 되어 있지 않습니다. 책을 읽으라고 하면 만화책 만 들고 읽곤 합니다. 그래서 전 유빈이에게 그림이 많은 책부터 권해 읽게 했었죠. 그랬더니 조금씩 흥미를 갖고 책을 읽게 되더라고요. 그런데 유빈이는 책을 읽을 때마다 항상 큰 소리로 읽는 거였어요. 아! 유빈이가 책을 잘 읽는구나 했었죠. 그래서 칭찬을 많이 해 주었어요. 시간이 흐르면 흐를수록 계속 더 크게 읽는 거예요. 그래서 유빈이에게 책을 읽을 때 그렇게 큰 소리고 읽지 말고 눈으로 보고 생각하면서 읽으라고 했어요. 그랬더니 유빈이는 "그렇게 눈으로 읽으면 머릿속에 잘 들어오지 않아"라고 화를 내더라고요. 괜스레 미안한 마음이 들었어요. 열심히 책을 읽고 있는데 말을 거는 바람에 신경을 날카롭게 해

버리게 되었던 거예요.

당분간 그냥 유빈이가 원하는 대로 큰 소리로 읽게 했어요.

전 고민에 들어갔어요. 유빈이를 이대로 둬야 하나? 소리 내어 책을 읽는 것이 나쁜 것은 아닌데 아이들마다 개인차가 있어서 그러는 건데 그래도 혹시나 유독 우리 유빈이만 그러는 건 아닐까라는 생각이 들어 심각하게 고민을 했어요. 고민 끝에 해답을 얻게 되었어요. 어느 날 학부모 독서논술 중심학교 교육이 있다는 공문을 받고 참여하게 되었어요. 짧은 시간 선생님의 강의와 실천하셨던 일들을 들으면서 나도 집에 가면 꼭 실천해야겠다. 마음먹었죠.

막상 집에 와서 실천해 보려니 쉽지 않았어요.

이런저런 생각과 고민 끝에 강의 들었던 생각이 나서 유빈이 혼자 책을 읽게 하는 것이 아니라 책 읽는 시간만큼 다른 일을 하지 않고 유빈이와 함께 책을 읽어야겠다고 생각했어요. 정말 어려웠어요. 어떤 책을 읽을까? 생각 끝에 주변에 계신 분으로부터 권해 주신 책을 선정하기로 했죠. 그 책은 새터 출판사의 『마을에서 가장 소중한 곳』이라는 책이죠.

그래서 유빈이와 함께 책을 읽으려고 식탁에 앉아서 유빈이를 불렀어요. 유빈이는 와서 이렇게 말을 하더라고요. "어휴~, 이걸 언제 다 읽어?" 아직도 유빈이의 찡그린 얼굴이 생각나요. 다른 어린이들 같았으면 1시간쯤이면 다 읽을 분량인데 유빈이가 혼자 읽는다면 큰 소리로 읽겠죠, 그러면 또 반나절이 걸릴 거고요.

전 기쁜 마음으로 유빈이에게 이렇게 말했어요. "유빈아! 엄마가 책 읽어 줄까?"라고 말했죠. 그랬더니 유빈이의 찡그려 졌던 얼굴이 어느새 아기 천사가 초롱초롱한 눈망울로 물끄러미 바라보듯 절 보고 이렇게 말을 하더라고요. "엄마가 정말 이 책 읽어 줄 거야?"라고 말이에요. 유빈이의 말을 듣는 순간 너무 미안함에 가슴이 뭉클했어요. 저도 나름대로 우리 아이들에게 사랑과 관심을 갖고 곁에서 책도 읽어 주는 엄마라 생각했었는데 그게 아니었나 봐요. 저의 아이들이 어렸을 땐 정말로 하루라도 책을 안 읽어 주면 아이들의 시달림에 못 견딜 정도였는데 시간이 흘러 초등학생이 되어서는 다 알아서 하고 많이 컸다는 생각에 그때처럼 못했던 기억들이 물밀 듯이 밀려오는데 속상해서 눈물이 솟아나더라고요.

지금도 어린아이들인데 너무 아이들에게 소홀했구나!

그런 기분을 뒤로하고 유빈이에게 "엄마가 책 읽어 주는 게 그렇게 좋아?"라고 했더니 유빈이는 "응! 너무 좋아" 그러더라고요. 그래서 제목을 읽고, 지은이, 출판사 순으로 읽기 시작했습니다. 그랬더니 큰딸 수빈이가 얼른 옆으로 오더라고요. 이렇게 아이들이 좋아하는 줄 몰랐어요.

책을 조금씩 읽어 가는데 내용 중에, 무엇이 소중하고 소중한 걸 잃어버리지 않기 위해 비둘기의 생명이 사라져 가는 순간들이 있었어요.

어느 순간 저의 눈가에 눈물방울이 생기게 되었어요. 그리고 살짝 유빈이와 수빈이의 얼굴을 보니 아이들의 눈가에 눈물이 흐르고 있었어요. 우린 그 순간 마음이 하나가 되었던 거였어요. 이렇게 책을 읽어 주는 것이 아이들에게 얼마나 중요한지 알게 되었어요.

잠깐 30분만 시간 내서 아이들과 함께 책을 읽으면 같은 공감대가 생기고 책의 주인공의 마음을 서로 같이 알게 되고 토론할 수 있다는 거였죠.

유빈이 혼자서 읽었더라면 하루 종일 걸려서 읽어야 했을 거예요. 내용이 너무 많냐고요? 아니에요. 우리 유빈이가 책 읽는 걸 싫어해서 그러는 거예요. 그러니깐 저도 금방 읽어 줄 수 있었던 거예요.

처음부터 끝까지 읽어 준 이 책으로 정말 우리 딸들과 마음이 하나가 되었던 거 같아요. 무턱대고 아이들에게 책 읽어라, 조용히 읽어라 그러지 마세요. 제가 직접 실천해 보니 먼저 아이들 앞에서 책 읽는 습관을 보여 주고 함께 책을 읽어 보세요.

그럼 책 읽어 주는 그 순간에 저는 주인공이 되는 기분도 들고 감정도 다르고 받아들이는 마음도, 읽는 기분도 달라지게 돼요.

여러분도 한번 해 보세요. 인생을 새로 사는 그런 기분이 들더라고요. 앞으론 좀 더 많은 책을 읽어 주려고요. 그렇다고 쭉 읽어 준다는 건 아니고요. 아이들이 커 가는 과정에 부모님과 함께할 수 있는 날까지는 1분 1초, 하루하루가 소중하다는 것도 알게 되었습니다. 아이들에게 비싼 핸드폰이나 게임기라든지 이런 것들만이 좋은 선물은 아니라 생각합니다.

매 순간 아이들과 책을 읽고 공감하면서 서로 대화하는 시간들이 무엇보다 소중하고 값진 선물이라는 생각이 듭니다. 이 순간 이 글을 쓰면서 그때 있었던 일들이 다시 한번 생각나네요. 저만 그런 일들을 간직하는 것이 아니라 자라나는 자녀들에게도 세상에서 가장 멋진 추억이 될 거라고 생각해요. 저는 자라면서 그런 경험을 못 해 봤어요.

학부모 독서논술교육을 통해 많은 걸 느끼고 깨달을 수 있었는데 이런 교육들이 더 활성화되어서 부모와 자녀가 하나가 되어 마음이 통하며 대화도 많이 하고 서로 이해할 수 있는 가정이 늘어났으면 합니다.

가장 중요한 건 자녀들과 함께 책을 읽고 토론하는 것과 자녀들이 책을 읽기 전에 부모가 먼저 읽고 다시 한번 자녀와 읽어 가며 토론하는 시간들을 실천할 수 있다는 것이죠.

전 글도 잘 쓰지 못합니다. 하지만 제가 경험한 일을 표현하고 전달하려 했는데 잘 전달이 되었는지 모르겠네요. 지금까지 읽어 주셔서 감사합니다.

다시 한번 학부모 독서논술교육을 주관해 주신 모든 분께 감사드립니다.

책 읽기를 좋아하는 아이, 그리고 엄마의 전쟁

학부모 곽순옥

 저희 아이는 소위 말하는 책벌레입니다. 하루 온종일 책을 손에서 놓지 않고 좋아해서 시간이 나면 책을 읽고, 책을 사는 것이 취미인 아이입니다.

 물론 학교 성적도 항상 최상위여서 엄마들에게 아이가 공부 잘하는 비결을 묻는 질문을 자주 듣습니다. 그때마다 저 스스로 질문해 보곤 하는데 많은 독서량이 공부 잘하는 비결인 건 확실하다고 생각합니다.

 많은 엄마들이 많은 책을 읽히고 싶어 하고 많은 책을 읽는 것에 집착하는 것을 보지만 아이들은 그런 엄마들과는 달리 책 보기를 돌같이 하고, 스스로 즐겁게 책을 읽는 아이를 보기 힘들더군요. 왜 그럴까? 아이가 책을 좋아하지 않는 엄마들께 아이가 책을 좋아하게 하기 위해 얼마나 노력해 보셨냐고 물어보면 책을 많이 사 주고 어렸을 때 읽어 주고 했는데 무엇을 더 해야지? 이 정도면 다 한 거 아니냐고 거꾸로 제게 물어보십니다.

글쎄요…… 저희 아이 경우를 봐도 책만 많다고, 엄마가 많이 읽어 준다고 책을 읽고 좋아하진 않았던 것 같아요. 책에 관심을 보이지 않는 아이에게 책에 관심을 갖기 위해 디즈니영화 비디오를 먼저 보고 그 캐릭터로 나온 애니메이션 책을 읽히고 공룡에 관심을 보이면 책방이나 도서관에서 공룡 자만 들어 있다면 그런 책은 거의 모두 구해다 읽어 주고, 종이접기 책으로 오리고, 그리고 동요 책과 시디를 사서 책 보면서 노래 들려주고, 아이마다 다르겠지만 책을 좋아하게 만들려면 엄마들의 노력도 있어야 한다고 생각합니다.

그리고 독서보다 더 중요한 것은 말하기인 것 같습니다. 영어 조기교육을 한다고 어린아이들을 영어 유치원이다 해서 보내는 엄마들이 많은데 모국어가 완벽하지 않은 아이들에게 외국어를 가르치는 것은 얻는 것보다 잃는 것이 많은 것 같습니다. 책을 스스로 읽기 전에 많이 읽어 주는 것, 아이와 많은 시간 대화하며 정확한 모국어를 구사하게 하는 것이 모든 교육에 앞서 제일 먼저 해야 할 일이 아닌가 싶습니다. 저희 아이 자랑 같지만 30개월에 한글을 떼고, 책을 읽기 시작해서 6살 무렵에는 초등학교 2학년 수준의 국어실력을 가지게 되었습니다. 6살에 중국어 유치원에 보냈고요. 아이는 부모가 중국인인 아이보다 중국어를 더 잘 배우고 따라 했습니다. 유치원의 중국인 선생님의 말씀으로 아이들을 가르쳐 보면 모국어를 잘하는 아이가 외국어도 빨리 배운다고 하시더군요. 물론 영어도 너무 잘 배우고 즐거워합니다.

책 읽기도 중요하지만 국어능력도 따라서 챙겨 줘야 한다고 생각합니다. 그래야 책 읽는 것도 더 즐거워질 거고요.

각설하고 요즘 전 다른 고민에 빠져 있습니다. 아이가 무슨 책을 읽고 있는지 체크하고 무슨 책을 읽게 해야 하고 어떤 책을 읽지 못하게 해야 하는 겁니다. 책은 다 좋다고 하지만 예민한 시기의 아이에게 어떤 책이 인생을 좌지우지할 만큼 영향을 줄 수 있기 때문이라는 생각으로 항상 관심을 갖고 고민하고 있습니다. 책을 많이 읽는 것만이 아니라고 생각하거든요. 특히 요즘은 아이에게 악영향을 줄 만한 책들이 너무도 많아 부모 입장에서 불안하고 힘이 듭니다. 이런 고민을 도와주는 프로그램이 학교나 교육청 차원에서 이루어지면 저 같은 부모들에게 너무 좋을 것 같고, 책만 많이 보면 좋을 거라는 생각을 갖고 아무렇지 않게 독서도 좋지만 더 중요한 것은 책을 읽고 느끼고 변화할 아이들이 아닐까 합니다. 제게 요즈음 사춘기인 저희 아이 관리하기는 전쟁과 같습니다. 판타지소설을 읽고 있으면 아이가 잠든 틈에 읽어 내용이나 글 쓰는 품새도 알아내야 하고 독서논술이나 평론이니 하는 잡지도 살 때마다 읽어 봐야 하고 어른용 책은 보지 않나? 무협지나 잔혹한 내용의 책을 보는 것은 아닌지…… 세월이 가고 아이가 성년이 되면 제 전쟁은 끝나겠지만 하루하루 치르는 전쟁에서 승리할 수 있을지는 저 역시 의문입니다.

행복한 웃음

학부모 오순자

　나는 그리 독서를 즐기는 사람은 아니었다. 1년에 열 손가락에 꼽을 정도로 독서를 많이 하지 못했다. 첫 아이를 임신하고부터 육아서에 보니 독서가 태교에 좋다는 내용에 시작된 독서의 기쁨은 나를 새롭게 했고, 내 자녀가 즐겁게 살아가는 방법을 알게 했다.

　그저 책만 읽어 주면 되는 줄 알았는데…… 정독을 해야 하고, 책을 읽을 때는 작가와 대화를 나누듯, 지은이가 표현하고자 하는 것들도 공감해야 함을 알았다. "논술"의 열풍에 나 또한 긴장이 되었고 독서교육을 빠짐없이 듣고 다녔다. 딱딱하고 지겨운 줄로만 생각했던 논술도 여러 형식이 있었고, 아는 만큼의 표현이라는 말에 고개를 끄덕이었다. 내가 집안일을 하고 있을 때 아이들이 나를 필요로 하면 예전엔 "기다려"라고 말했지만 지금은 그 중요함을 알기에 아이들에게 직행한다. 아이들의 요구로 책을 읽어 주고, 이야기하면 토론은 알아서 하는 것 같다. 6살 딸이 "개구리는 너무 못생겼어" 하면, 1학년 아들이 대답한다. "마법에 걸려서 그래" 그러면, 3학년 아들은 "공주의 도움으로 마법이 풀려 멋진 왕자가 되잖아……." 아이들이 셋이다 보니 저희들끼리 공유하고 고개를 끄떡이고, 어떨 땐 "아니야……" 자기주장들도 내세우고 한다. 아직도 교육받은 좋은 내용들을 내 자녀에게 어떤 방법으로 적용하면 좋을지 고민 중이다. 말로 표현하는 것은 어느 정도 만족하고 감동도 받는다. 사고력 키우기, 질문 만들기 게임, 극 조각 맞추기 게임도 잘 활용해 봐야겠다.

언젠가 6살 딸이 개구리 왕자의 그림(공주, 왕자, 개구리, 연못, ……)을 그려서 엄마인 나에게 선물을 주었다. 나는 소중하게 잘 간직하고 있다. 8살 아들은 말이 그냥 술술 나온다. 그냥 듣고만 있어도 내가 학자가 된 것만 같다. 10살 아들은 만화 그림 한 컷으로 재미있게 이야기를 꾸며 나에게 이야기 해 주고, 키득키득 웃고 너무 재미있어 한다.

나는 우리 학교가 독서교실중심학교이어서 좋은 교육을 많이 들었다. 이번엔 독서논술중심학교가 되어 계속 교육을 받고 있다. 이렇게 좋은 알곡을 제공해 주신 교육청에도 감사함을 느낀다. 끊임없이 교육받고 내 자녀를 멋지고 훌륭한 길로 자라게 용기 주고, 도움 주는 부모가 되고 싶다. 첫아이가 1학년에 입학했을 때 우연히 도서관 도우미로 봉사하게 된 것이 이렇게 좋은 열매들을 얻는 것 같다. 우리 집의 제일 비싼 TV도 고물상에게 주었다. 지금은 3학년이 된 아들, 1학년 아들, 6살 딸 모두 책을 좋아하고 독서의 행복함을 느끼고 있다.

내가 조금만 더 신경 쓰고, 시간을 배려하면 내 자녀, 우리 학교, 우리나라가 더 건강해짐을 알고 있다. 그래서 오늘도 내 발걸음은 학교 도서관으로 열심히 향하고 있다. 행복한 웃음을 준비하러……

아이들에게 습관을 들일 수 있다면

학부모 장영희

가끔 지난 시간들이 뿌듯하게 다가올 때가 있다.

평범하리만치 매일매일 반복되는 일상들이 어찌나 빠르게 지나가는지 아침이 되면 금방 저녁이고 하는 일 없이 TV 시청이 소일거리였고, 아이 키운다는 핑계로 정말 아무런 것도 하지 않았던 것 같다.

큰아이를 입학시키고 나서야 너무 나태한 생활이었음을 알았고 나름 무언가를 해야겠다는 생각을 했으면서도 할 줄 아는 게 하나도 없었다. 학원을 보내고도 참 많은 고민을 했던 것 같다. 지금 생각해 보면 왜 그렇게 집구석에서만 있었는지 의논할 상대도 없이 살아왔는지 한심스럽지만 그때는 그럴 수밖에 없었으니까……

이렇게 해선 안 되겠다 싶어 여기저기 기웃거리기만 했지 별 소득 없이 지나갔다.

그러던 중 딸아이가 독서 퀴즈대회를 한다면서 안내장과 함께 권장도서 목록을 들고 집으로 왔다. 당장 서점으로 달려가 30여 권의 책을 구입하고 책을 읽히기 시작했다.

아이도 잘하고 싶은 마음에 열심히 읽었던 것 같다. 책을 읽기 싫어하면 사탕발림으로 달래 놓고 그냥 엄마의 욕심으로 아이를 다그쳤던 것 같다. 그래도 아이는 잘 따라와 주었는데도 결과는 기대에 못 미쳐 아쉬움을 뒤로하며 씁쓸해했다.

담임선생님의 목표라기에 따라가야지 하며 하루에 한 권이라도 읽게 하자. 이것은 엄마인 내가 해 줄 수 있겠다 싶어 열심히 하자며 아이를 다독이고 도서관을 참 많이도 다녔던 것 같다.

그러던 중 이상하게 책을 읽는 속도가 너무 빨라져 있어서 지켜보기로 했다. 아이는 책을 읽지 않고 그냥 책장을 넘기고 있었다. 왜 그랬냐고 물으니까 읽기 싫다고 하면서 짜증을 내기 시작했다. 안 되겠다 싶어 매를 들었다. 학생이니까 무조건 책을 읽어야 한다면서……안쓰러운 마음에 안아 주며 다독였지만 정말 마음이 많이 아팠다. 아이는 엄마가 무서워서 책을 읽었다고 했다. 그러던 것이 차츰차츰 재미를 느끼게 되고 상도 받게 되면서부터 아이의 모습도 많이 달라질 수 있었던 것 같다.

어느 날 세계 역사 이야기를 친구가 읽는다고 하면서 자기도 한번 도전해 보고 싶다고 해서 얼마나 놀랐는지 모른다. 책을 읽으면서도 어려운 것 같아 "괜찮니?" 하고 물어보면 자기와의 약속이니까 대충 "괜찮아" 하곤 얼버무렸다. 아이는 책을 대충 본 것 같았지만 그냥 넘어갔다.

그해 여름방학을 시작하면서 다시금 도전했고 두 번이나 더 읽었던 것 같다. 어른인 나도 그 책을 보면 분량이 너무 많아 일단 거부하게 되는데 우리 아이가 읽었다는 사실만으로도 많이 대견스러웠던 것 같다. 그렇게 해서 책을 좋아하지는 않으면서도 많은 책을 읽힐 수 있어서 지금도 감사하며 보내고 있다.

책을 두려워하지 않고 늘 가까이하고 있는 우리 아이들 엄마의 욕심이 늘 자리하지만 잘 따라와 주는 아이들이 고맙다. 서로가 약속이라도 한 듯 시간만 되면 책을 잡고 있고 그런 모습을 동생들이 바라보고 따라 하고 있다. 서로가 경쟁하듯이 챙겨 주면서 싸우는 모습 또한 엄마는 너무나 대견하다. 책을 읽히기 시작한 지 벌써 6년. 지금 생각해 보지만 시간이 지금의 모습을 만들어 주었던 것 같다. 많은 책을 접하리라고는 생각지도 못했는데 벌써 공책 4권 분량의 독서 목록을 만들어 가고 있다.

한 해 한 해 지나면서 목표가 설정되었고 그 목표를 향해 참 열심히 했던 것 같다. 이제는 엄마인 나도 책을 읽기 시작했고 책 속에서 너무나 많은 것을 배울 수 있어서 세상에 태어나 제일 잘해 온 일인 것 같은 생각이 든다. 하루에 한 권의 책을 읽는다는 것은 너무도 당연한 하루 일과가 되어 엄마는 아이들에게 여러 방면의 책을 접하게 하기 위해서 나름 열심히 생활하게 되었다.

책을 읽힌다는 것, 그것은 자녀를 위한 일종의 희생이 있어야 함은 물론이고 얼마나 지속할 수 있느냐가 아이에게 습관을 들일 수 있는 좋은 기회가 될 것이라고 생각한다. 많은 부모들이 초등학교 입학을 하게 되면 나름 열심이지만 정말 꾸준하고 지속적이지 못하다는 점 또한 주변에서 많이 봐 왔다. 엄마가 지치면 안 된다고 생각한다. 엄마는 아이를 위해 그냥 해야 한다고 생각한다. 책을 많이 읽었으면 하면서도 잠시뿐이고 지금 당장 아이가 나아지지를 않더라도 실망하지 말고 열심히만 하면 언젠가는 아이는 참 많은 성장을 하게 될 거라고 믿는다.

아이에게 반짝하는 모습을 보이지 말고 지속적인 모습만 보여 준다면 머지않아 아이도 습관처럼 몸에 밴 아이의 모습을 보고 대견해하고 있을지도 모른다. 우리는 아이들의 미래를 위해서 잠깐 도움을 줄 수 있을 뿐이라는 것을 알아야 한다. 우리 아이들 모습이 지금 자신의 모습보다 더 나아지기를 희망하지만 우리는 조력자로 남아 있을 뿐이라는 것을 알아야 한다고 생각한다. 아이의 인생은 아이만이 개척할 수 있을 뿐이라는 것을 믿고 지켜봐 주면서 아이가 올바르게 성장할 수 있는 토대를 만들어 주는 것이 우리 부모들이 할 일인 것 같다. 그 토대를 만들어 줄 수 있는 하나의 방법이 책을 읽히는 것이라고 생각한다.

책은, 그 속에 너무도 많은 인생과 진리와 발판이 숨어 있어, 삶을 안내해 줄 나침반이 되리라고 생각한다. 천천히 그리고 꾸준히 열심히 하다 보면 다다를 수 있다는 것, 언젠가는 이루게 되리라는 것, 이또한 우리들이 간과해서는 안 될 중요한 일인 것 같다. 뭐든 열심히하는 모습을 보이는 것이 우리 아이들에게 좋은 모습으로 남겨지지않을까 하는 생각에서 우리 아이들을 위해 오늘도 열심히 하는 우리부모님들 모두 파이팅!

Ⅲ
학부모 독서논술 학교
운영사례

학부모와 함께하는 독서논술교육학교 운영사례

1. '생각통통 표현술술' 시작하는 마음입니다

가. 이래서 필요해요

최근 우리 사회는 여러 방면에서 창의적이고 유용한 사고를 지녀 문제해결력을 최대한 발휘하는 사람을 요구하고 있는데, 창의적이고 유용한 사고는 다양한 경험을 통해 풍부한 지식의 바탕에서 나온다. 직접 경험하기 어려운 것들은 독서를 통하여 다양한 간접 경험을 할 수 있고, 논술은 창의적 사고를 통하여 다양한 지식을 논리적이고 합리적으로 활용하여 당면한 문제를 해결하는 능력을 길러 준다. 그러므로 독서와 논술은 서로 밀접한 관계를 가지고 있어 학교에서는 독서논술교육을 강조하고 있다.

독서논술을 학교에서만 지도하는 것은 여러 가지로 어려운 점들과 제약들이 있다. 기초적인 능력을 기르기 위한 많은 시간과 노력이 필요하고, 다양한 활동도 요구되기 때문에 가정에서도 활동을 하기 위해서는 학부모들의 도움이 필요하다.

더구나 학생이 스스로 학습을 하기 어려운 초등학교 때 학부모님들의 역할이 중요하므로 독서논술도 학부모님들과 함께한다면 더 많은 효과를 얻을 수 있기 때문에 학부모와 함께하는 활동을 하기로 하였다.

나. 이렇게 펼쳐 나가요

학부모님들과 함께하는 독서논술교육 활동이 되기 위하여 학교의 교육과정활동의 독서논술 분위기가 조성되도록 학교 특색 사업으로 계획 추진하여서 학생, 교사가 관심을 갖도록 하면서 다음과 같이 실천하도록 한다.

첫째 학부모님들이 먼저 책을 읽는 모습을 자녀에게 보여 주도록 하고, 학교와의 활동이 원활하게 이루어지도록 학교도서관과 친숙한 학부모님이 되도록 한다.

둘째 학부모님들도 독서논술에 대해 이해하고, 기초적인 지식을 가져 자녀들 교육의 소양을 갖출 수 있도록 독서 논술에 대한 실력을 키울 자료 및 학습기회를 제공한다.

셋째 독서논술의 기회를 많이 제공하고, 가정생활의 모든 활동이 독서논술의 자료가 되므로 자녀와 독서논술 활동할 계기를 다양하게 마련한다.

2. '생각통통 표현술술' 이렇게 실천하겠습니다

가. 이렇게 준비했어요
1) 대상: 본교 및 관내 초등학교 학부모
2) 기간: 2000.03.01.~2000.12.31.

나. 이렇게 밑그림을 그렸어요

과제명	활동내용	시기	비고
함께하는 글마루를 만들어 가요	도서대출증 발급	연중	
	글마루 영화의 날	5~11월	월 2회 실시
	책 읽어 주는 엄마	5~12월	매일
	글마루 소식 발간	5~12월	월 1회
생각 글쓰기 먼저 해 봐요	학부모 연수	4~10월	4회
	학부모 워크숍	5~9월	5회
	독서논술 캠프	8월	5회
	독서논술 동아리 운영	연중	
독서논술 자녀와 함께해요	독서논술 자료제공	연중	
	독서논술대회	11~12월	2회
	학부모 독서논술 수기 공모	12월	1회

3. '생각통통 표현술술' 이렇게 실천했습니다

1) 하나, 실천 과제: 함께하는 글마루를 만들어 가요

가. 도서대출증 발급
학부모님들에게 대출증을 발급하여 학교도서관의 학부모/교사 전

용 서가의 책과 자료들을 이용하게 하면서, 학교에 대한 친밀감과 소속감을 갖도록 한다.

   (1) 발급 시기: 연중

   (2) 대상: 본교재학 중인 학생의 부모

나. 글마루 영화의 날

  학생들이 엄마와 함께 영화를 감상하면서 영화의 이해를 돕고, 영화의 내용에 대한 이야기를 나눌 수 있어 독서 논술의 기초를 튼튼히 하기 위해 저학년 학생들과 희망 학부모가 함께 도서관 소장용 DVD영화를 관람하도록 운영하였다.

   (1) 상영 일시: 매월 2회(2, 4주 수요일)

   (2) 대상: 본교 저학년 희망 학생, 학부모

   (3) 영화 상영 계획

과제명	시기	영화명	
글마루 영화의 날	5월	니모를 찾아서	찰리의 초콜릿 공장
	6월	슈렉	슈렉 2
	7월	슈렉 3	박물관이 살아 있다
	9월	고양이의 보은	이웃집 토토로
	10월	센과 치히로의 행방불명	토이스토리
	11월	토이스토리 2	여우비
	12월	벅스라이프	뮬란

다. 책 읽어 주는 엄마

  학교 도서관 도우미 교사들이 1, 2학년을 대상으로 하며 아직 책과 친숙하지 못한 아동들은 재미있는 이야기를 들으며 책과 친해지고,

도서관을 이용하는 계기가 되어 책을 읽고 빌리는 등 좋은 효과를 얻도록 하였다.

    (1) 활동 일시: 매주 월~금요일 12:50~13:50

    (2) 대상: 1, 2학년 학생

라. 글마루 소식지

월 1회 학부모가 참여하여 할 수 있는 글마루 소식지를 발행. 그 밖에도 글마루 소식 및 프로그램, 독서논술과 관련된 내용들을 실어 가정에서도 관심을 갖도록 한다.

    (1) 시기: 월 1회 발행

    (2) 대상: 전교 학부모, 학생

2) 두울, 실천과제: 생각글쓰기 먼저 해 봐요

가. 학부모 연수

본교 도서관에서 교육청 관내 초등학교 학부모 각 1명을 대상으로 독서논술교육 연수를 실시하여 학부모들의 독서논술교육에 대한 이해와 역량을 키울 수 있도록 한다.

(1) 시기: 4~11월

(2) 대상: 남부교육청 관내 초등학교 학부모 희망자 1명

(3) 실적

날짜	강의 주제	강사
4월 30일	논술아 놀자!	주안초 강승숙 선생님
6월 4일	독(讀)한 논술 만나기	가석초 곽지순 선생님
7월 17일	즐거운 가정 속의 독서논술	경인교대 최영환 교수님
11월 28일	우리 아이 사고력 어떻게 키울까?	함박초 남유미 선생님

나. 학부모 워크숍

본교 도서관에서 교내 학년별 학부모들을 대상으로 독서논술 관련 워크숍을 실시하여 독서논술교육에 대한 이해와 역량을 키울 수 있도록 한다.

(1) 시기: 5~9월

(2) 대상: 본교 학부모 희망자

(3) 방법

신청자를 사전에 받아 학년별로 또는 그룹으로 나누어서 실
시한다. 워크숍 후 이수증을 제공한다.

(4) 내용

다양한 독서논술과제 해결방법과 학생 지도 방법에 대한 워
크숍으로 워크숍 당일 결과물 제출에 따른 시상을 통해 학
부모의 관심을 갖도록 한다.

날짜	강의 주제	강사
5월 20일	독서와 논술이 왜 중요한가?	주안남초 김광석 선생님
5월 26일	그림책이 내 아이의 마음을 열 수 있을까?	연화초 강영희 선생님
6월19~20일	가정에서의 독서논술	경희대 평생교육원 이가령 교수님
9월 26일	UCC로 제작해 보는 논술 이야기	영종초 김광태 선생님

다. 독서논술 캠프

단기적인 연수와 워크숍의 효과를 배가시키기 위해 여름방학을 이용해 본교의 학부모들을 대상으로 학부모 독서논술 캠프를 실시하였다.

(1) 시기: 방학 중

(2) 대상: 본교 학부모 희망자

(3) 내용

시간	8.11.(월) 1일차	8.12.(화) 2일차	8.13.(수) 3일차	8.14.(목) 4일차	8.18.(월) 5일차
10:00~ 12:00	다르게 보기, 같게 보기	인간과 한계	아버지와 경제	소통과 표현	아이들과 함께하는 재미있는 책 만들기
강사	인화여고 교사 오석균				서울신동초 교사 우경희 (티처빌 원격연수원 강사)

라. 독서논술동아리 운영

학부모들이 가정에서 독서 및 글쓰기 지도를 할 때에 자기만의 방법 및 어려운 점 등을 홈페이지를 통해 이야기해 보고 학부모들만의 독서와 논술에 대한 생각 및 소개를 들어 보도록 한다.

(1) 시기: 연중

(2) 대상: 본교 학부모

(3) 실적

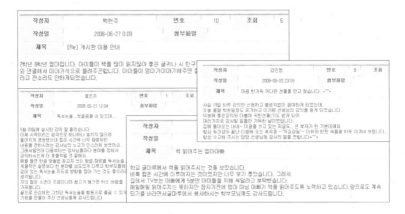

3) 셋, 실천 과제: 독서논술 자녀와 함께해요

가. 독서논술 자료 제공

홈페이지를 통해 학생과 학부모가 손쉽게 독서논술 자료를 얻을 수 있도록 한다.

(1) 시기: 연중

(2) 대상: 본교 학생, 학부모, 관내 학부모

(3) 방침

- 교과자료, 학년 권장도서, 학부모 독서논술 관련 지도 자료 제공(담당교사)
- 학교홈페이지 > 운영사항 및 결과물 탑재

  학교홈페이지 > e-오름길 공부방 메뉴

4) 실적

나. 독서논술대회 운영

학부모와 학생이 함께하는 독서논술대회를 운영하여 독서논술에 대한 관심을 증가시키고 가족 간의 좋은 추억의 장을 제공한다.

(1) 시기: 10~12월 중

(2) 대상: 본교 희망 학부모

(3) 방침

▶ **학부모－학생 함께하는 논술 골든벨 대회**

• 교육청 지정 필독도서를 이용한 학부모·학생 독서퀴즈

• 안내장을 통한 신청 학부모·학생과 함께 골든벨 퀴즈

▶ **독서논술 관련 UCC대회(홈페이지 탑재)**

• 학부모－학생 대상 UCC 제작 연수

• 독서논술 관련 UCC 개인별 탑재(12월 시상)

• 학부모, 학생 중간 지도

▶ 학부모와 함께하는 '생각통통 표현술술' 수기 공모

• 대상: 관내 초등학교 학부모(학교별 1명 이상)

• 내용

－독서논술을 가정에서 지도할 때의 효과적인 방법, 지도사례

－학부모 독서논술 중심학교 연수, 워크숍 참여 후 소감

－그 밖의 독서논술과 관련된 재미난 일화

• 우수사례: 시상 및 상품, 일반화(사례집 발간・보급)

4. '생각통통 표현술술' 실천 후의 생각

1) 효과적인 면

에필로그: 구도심권의 중심부에 위치하고 있는 열악한 학구의 실정으로 학부모와 함께하는 독서논술교실을 추진하면서 처음에는 회의적이었다. 좋은 강사님들을 초빙하면서 참석하시는 분이 적거나 효과가 없으면 어쩌나 하는 여러 걱정이 더 앞서 나갔다.

막상 실시해 보니 계획한 인원수보다 훨씬 많은 참여인원, 입소문을 듣고 찾아오신 다른 학교 학부모님들, 강사와의 적극적인 소통, 독서논술 프로그램 Tip에 대한 글을 홈페이지에 남겨 주시는 등의 적극적인 모습들로 그런 걱정들은 기우라는 것을 느낄 수 있었다.

가. 교육과정 추진

- 교과와 재량활동과 연계한 독서논술 지도로 교과 내용을 더욱 심화 · 보충할 수 있었고, 학년 단계별 독서논술교육 교수 · 학습 활동으로 효율적인 독서논술교육 운영
- 독서논술 관련 연수의 자율참여로 독서논술에 대한 관심과 이해가 높아짐.

나. 구성원

○ **학생**

- 독서논술교육 교수 · 학습활동으로 문제해결 능력과 독해력이 향상됨.
- 정선화된 독서관련행사 및 독서논술교육 활동을 통하여 논리적 사고력과 표현력이 신장됨.

- 도서관 행사를 통하여 도서관을 이용하는 습관을 길러 주고, 책을 친근하게 느낄 수 있는 기회를 제공하였으며 독서습관이 정착되었음.
- '책 읽어 주는 엄마' 등의 학부모 참여 프로그램을 통해 독서논술에 대한 관심이 높아짐.

○ **학부모**
- 가정과 연계한 독서논술이 이루어질 수 있도록 하는 프로그램에 학부모들의 호응 및 관심이 많아졌음.
- 다양한 독서논술 관련 활동을 통해 가정에서 독서논술교육에 대한 이해와 관심이 높아졌음.
- 학부모의 학교 교육에 대한 관심과 참여도가 높아지고 아동의 독서 습관의 생활화에 기여함.
- 가족이 함께할 수 있는 독서행사를 실시함으로써 독서의욕을 고취시키고, 가족 간의 유대를 강화하며 건전한 취미와 오락을 즐길 수 있는 기회를 제공함.

○ **교사**
- 독서와 연계한 논술 지도로 교실 수업 개선 및 교원의 전문성 신장에 기여함.
- 연수를 통해 심도 있는 독서논술 지도가 가능해짐.

2) 더 바라는 점

- 독서논술 관련 프로그램 자료가 부족하므로 학생, 학부모, 교사가 함께 고민하고 만들어 가는 분위기 형성과 맞춤형 독서논술 자료 발굴 및 제작, 다양한 논술교육 관련 연수, 도서 보급, 장학 자료 보급 등의 행정적인 지원이 필요함.
- 정선화된 독서 행사를 개최하여 학생들의 독서에 대한 흥미를 끌어내야겠고, 보다 많은 학생과 학부모가 참여할 수 있도록 적극적이고 능동적인 독서 분위기 조성에 힘써야 함.
- 독후 표현활동의 발표 기회가 행사를 위한 행사에 그치지 않고 학교 특색 및 학급 특색 활동과 연계하여 좀 더 심화되고 내실 있는 운영이 될 수 있도록 지속적으로 노력 필요함.

참고문헌

강백향(2008), 『읽어주며 키우며』, 서울: 교보문고.

경상남도교육청(2005), 『논술지도 길잡이』, 경상남도 교육청.

고성동중학교(2007), "경상남도교육청 지정 독서교육 시범학교 운영보고서".

곽길여(2011), "지역아동센터에서 교사의 책 읽어주기가 아동의 자아존중감과
   독서태도에 미치는 영향", 순천대학교 사회문화예술대학원.

광주학운초등학교(2002), "독서 여건 개선을 통한 독서 표현력 신장".

교과부(2007), 2007 개정 교육과정에 따른 국어과 교육과정.

교과부(2011), 2009 개정 교육과정에 따른 국어과 교육과정.

교과부(2009), 2009 개정교육과정.

교과부(2010), 2009 초등학교 교육과정 해설.

교과부(2011), 초등학교 교육과정.

교육부(1997), 제7차 국어과 교육과정.

김건식(2006), "가정과의 연계활동을 통한 건전한 도덕성 함양", 교육과정연구.

김경숙(2008), "그림책 읽어주기 활동을 통한 독서지도 효과 연구", 진주교육대
   학교 교육대학원.

김경일(1999), 『독서교육론』, 서울: 일조각.

김광석(2001), "소집단별 마인드맵 지도가 자기 주도적 쓰기 능력에 끼치는 영
   향", 인천교육대학교 교육대학원.

김규동(1961), 『무엇을 어떻게 읽을까?』, 서울: 한림출판사.

김남두 외(1999), "초·중등학교의 독서자료 선정을 위한 기초자료 개발 연구",
   교육부.

김미란(2011), 『독서친화프로그램으로 행복씨앗들의 꿈 키우기』, 서울: 자운초
   등학교.

김병원・노명완・윤일선(1975), "성인의 기능독서력 발달을 위한 소규모 실험 연구", 『행동과학연구』, 8(11), 12-14.

김승환(1999), 『독서 교육의 이론과 실제』, 한국도서관협의회.

김신성 외(2006), 『논술의 기초』, 발해그후(도).

김영채・박권생(1995), 『사고력 교육을 위한 학습전략』, 서울: 교육과학사.

김용철 외(2002), 『학교도서관과 독서교육』, 태일사.

김재은(1998), 『아동의 인지 발달』, 창지사.

김지도(1997), 『초등학교 독서교육』, 교학사.

김지도(1999), 『초등학교 독서교육』, 서울: 교학사.

남미영(1997), 『엄마가 어떻게 독서지도를 할까』, 대교출판.

논술아카데미(2005), 『아카데미 통합 논술』, 서울: 논술아카데미출판부.

대전광역시 동부교육청(2005), "생각을 키우는 토의・토론 학습".

대전교육과학연구원(2006), "초등학교 국어 교수・학습 모형", 대전교육과학연구원.

대전동부교육청(2006), "꿈과 희망을 키우는 단계별 독서 활동지도 자료".

독서지도연구모임 엮음(2003), 『창의적인 독서지도 77가지』, 해오름.

마쓰이 다다시(1990), 『어린이와 그림책』, 서울: 샘터사.

민우기 외(2006), 『쓰면서 배우는 논술의 기초』, 도서출판늘품미디어.

삼천포제일중학교(2006), "경상남도 지정 독서・논술교육 시범학교 운영보고서".

서유경(2002), 『인터넷매체와 국어교육』, 도서출판 역락.

손정표(1999), 『신독서지도방법론』, 태일사.

신헌재 외(1993), 『독서교육의 이론과 방법』, 박이정.

양재한・김수경・이창규・정영주・김정미(2001), 『어린이 독서지도의 이론과 실제』, 태일사.

에이스논술연구원(2000), 『한 권으로 끝내는 초등논술』, 삼성출판사강북.

와키 아키코(2006), 『그림책에서 이야기책까지』, 서울: 현문미디어.

이경화(2001), 『읽기교육의 원리와 방법』, 박이정.

이만기(2005), 『세상에서 가장 쉽게 배우는 논술』, 미디어월.

이선주(2007), 『그림책과 놀아요』, 서울: 열린 어린이.

이성애 외(2002), 『학교도서관 운영의 첫걸음』, 태일사.

이성애(1998), "독서지도의 실제", 『학교도서관과 독서교육: 독서교육사례』 1집, 8-10.

이소영 외(2010), 『독서지도 백과』, 교보문고.

이은규(2006), "통합교과논술, 공교육 되살리기의 디딤돌", 『인천교육신문제』 58호, 인천교원단체총연합회.

이정희(1997), 『글집과 더불어 한 삶의 엮음』, 서울: 아리따.

인천구월초등학교(2005), "인천광역시교육청 지정 독서교육 시범학교 운영보고서".

인천숭의초등학교(2008), "2008 학부모와 함께하는 독서논술중심학교 운영사례".

임선하(1999), 『창의성에의 초대』, 교보문고.

임성관(2008), 『책 좋아하는 아이 만들기』, 시간의 물레.

정현정(2010), "그림책 읽어주기 아침시간 활동이 초등학교 아동의 독서력과 독서 태도에 미치는 영향", 가톨릭대학교 교육대학원.

제주탑동초등학교(2005), "교육인적자원부 지정 독서교육 시범교육청 협력학교 운영보고서".

조영식(1999), 『창조적 독서 교육의 이론과 방법』, 박이정.

조영식(2003), 『창조적 독서교육』, 서울교육과학사.

지해숙(2003), "독서를 통한 인성교육 방안 연구", 상지대학교 교육대학원 석사학위논문.

책과 함께 자라는 아이들(2010). 경상남도교육청.

초등국어교육학회(1998), 『쓰기수업방법』, 박이정.

초등창의성신장 교육프로그램(2011). 경상남도교육청.

최영신(2012), "이야기 구조를 활용한 그림책 읽어주기 활동이 독해력과 독서 태도에 미치는 영향", 가톨릭대학교 교육대학원.

최학현(2006), "초등 독서/논술지도 직무연수", 대전교육연수원.

최현섭 외(2001), 『창의적인 쓰기수업 어떻게 할까』, 박이정.

충남교육과학연구원(2006), 『독서야 놀자 논술이 보인다』, 충남교육과학연구원.

한국교원연수원(2007), "논술지도프로그램과정", 한국교원연수원.

한국교총원격교육연수원(2005), 『즐거운 독서교실』, 서울: 한국교총원격교육연수원.

한중경(1996), 『학부모와 어린이를 위한 초 독서공부법』, 프레스빌.

한지효(2006), "교사의 그림책 읽어주기 활동이 초등학교 아동의 독서 태도와 독해력에 미치는 영향", 가톨릭대학교.

한효석(2005), 『너무나도 쉬운 논술』, 서울: 한겨레신문사.

함명식(1997), "정보와 매체를 교과를 통해서 보는 사서교사 · 실기교사의 교육적인 역할", 345, 146.

허덕희(1999), 『어린이 독서교육』, 인간과 자연사.

황선주(2012), "그림책 읽어주기를 통한 문학 반응 활성화 방안 연구", 대구교
육대학교 교육대학원.

조선일보, 2006.12.7, "맛있는 논술".

중앙일보, 2006.12.13, "논술이 줄줄".

그 외 다수의 인터넷 '논술 관련' 정보.

Aust, H(1983). Uberlegungen zum Sprachlichen Verstehen. Tubingen. 이정춘 · 이종국
편저(1988), 『독서와 출판문화론』, 서울: 범우사.

Carter, L. J., & McGinnis, D. J.(1953). Learning to Read. New York: McGraw Hill.

Fries, C. C.(1963). Linguistics and Reading. New York: Holt.

Gibson, E. J., & Levin, H.(1975). The Psychology of Reading. Cambridge, Mass: MIT
Press.

Gray, W. S.(1948). Their Own in Reading. Chicago: Scott. Foresman.

Haefner, K(1985). Lesen im Computerzeitaler. Anachronismus: Das Klammern ans
Papier?. In Borsenblatt fur den Deutschen Buchhandel. Nr. 34.

Smith, F.(1978). Understanding Reading: A Psycholinguistic Analysis of Reading and
Learning to Read, 2nd ed. New York: Holt.

Tinker, M. A., & McCullough, M.(1962). Teaching Elementary Reading. New York:
Appleton.

Venezky, R. L.(1976). Theoretical and Experimental Bases for Reading. Hague:
Mouton.

관련 사이트

http://www.gulnara.net

http://www.readingclinic.or.kr/

http://www.ezday.co.kr

http://cafe.daum.net/CRAcademy

책 읽는 경남(http://reading.gne.go.kr)

독서교육지원시스템 디지털자료실 지원센터(http://www.reading.go.kr)

국립어린이청소년도서관(http://www.nlcy.go.kr)

북퀴즈(https://www.bookquiz.co.kr)

교보문고(http://www.kyobobook.co.kr)

신재한

경북대학교 교육학 박사(교육방법 및 교육공학 전공)
대구교육대학교부설초등학교 교사
한국외국어대학교, 성신여자대학교, 숙명여자대학교 등 외래교수
한국교육개발원 연구위원
현) 교육과학기술부 연구사

김광석

경인교육대학교 교육대학원 교육학 석사(국어과 교육)
인천광역시 남부, 북부교육지원청 국어과 전문장학위원
인천광역시 교육청 초등 1급 정교사 자격연수 국어과 강사
제7차 교육과정 국어과 교수학습자료 개발위원
인천광역시 교육청 국어과 평가문항, 장학자료 개발위원 역임
인천광역시 남부, 북부교육지원청 초등국어교과연구회 회장 역임
현) 연평초등학교 교사

김재광

연세대학교 교육대학원 교육학 석사(사회과교육)
교육인적자원부 우수 교과연구회 활동(사회과)
인천광역시 동부교육청 학교평가위원
한국교육과정평가원 자율모형개발협력연구원
교육과학기술부 교육과정컨설팅지원단
프로젝트형 인성교육 컨설팅 요원
현) 인천서림초등학교 교사

김현진

인천대학교 교육대학원 교육학 석사(컴퓨터교육)
교육과학기술부 사회과 창의인성교육 수업모델 개발
한국교육학술정보원(KERIS) 사이버가정학습 사회과 평가문항 개발
한국교육학술정보원(KERIS) 중앙교수학습센터 운영지원단
한국교육과정평가원 국가수준평가 채점위원
티처빌 원격교육연수원 창의적 체험활동 컨텐츠 개발요원
현) 인천서림초등학교 교사

남유미

경인교육대학교 교육대학원 교육학 석사(국어교육)
한국방송위원회 미디어교재 집필
3C 컨설팅 멘토링 프로그램 개발 및 운영 사업(국어교과 수업컨설팅 연구) 참여
인천광역시 교육청 수업선도교사
인천광역시 교육청 특별연구교사
2011년 경인교육대학교 국어과 <교수화법> 및 인천광역시 교육청 1정 교사 연수 강사
현) 인천신송초등학교 교사

오석균

인하대학교 국어국문학 박사
문학21 시 부문 신인상 등단
한국수화연구회 수석 연구원, 인정도서 심의위원
인천 지방공무원, 중등교사 임용시험, 학력진단평가 출제위원
인하대학교, 경인교육대학교 문학과 인간탐구 강의
교과교실제 전국 컨설턴트, 전국독서새물결 연구위원
현) 미추홀외국어고등학교 교사

하쿳모와 교사가 디자인하는
초등
독서논술
이야기

초 판 인 쇄 | 2012년 12월 21일
초 판 발 행 | 2012년 12월 21일

지 은 이 | 신재한 · 김광석 · 김재광 · 김현진 · 남유미 · 오석균
펴 낸 이 | 채종준
펴 낸 곳 | 한국학술정보㈜
주   소 | 경기도 파주시 문발동 파주출판문화정보산업단지 513-5
전   화 | 031) 908-3181(대표)
팩   스 | 031) 908-3189
홈 페 이 지 | http://ebook.kstudy.com
E - m a i l | 출판사업부 publish@kstudy.com
등   록 | 제일산-115호(2000. 6. 19)

ISBN   978-89-268-3954-6 93370 (Paper Book)
          978-89-268-3955-3 95370 (e-Book)